商务语言与文化研究学术丛书

Series of Business Language and Culture Stu

跨文化视角下中美银行企业网站身份的话语建构研究

A Cross-cultural Study on the Discursive Construction of Chinese and American Banks' Online Identities

程 霞 著

对外经济贸易大学出版社

中国・北京

图书在版编目（CIP）数据

跨文化视角下中美银行企业网站身份的话语建构研究 / 程霞著. -- 北京 : 对外经济贸易大学出版社, 2025. 6.（商务语言与文化研究学术丛书）. -- ISBN 978-7-5663-2722-2

Ⅰ. F832.2 ; F837.122

中国国家版本馆 CIP 数据核字第 20259Q93B5 号

跨文化视角下中美银行企业网站身份的话语建构研究

A Cross-cultural Study on the Discursive Construction of Chinese and American Banks' Online Identities

程　霞　著

责任编辑：陈培风

出版发行：对外经济贸易大学出版社

社　　址：北京市朝阳区惠新东街 10 号

网　　址：www.uibep.com

资源网址：www.uibepresources.com

邮政编码：100029

邮购电话：010－64492338

发行部电话：010－64492342

E-mail：uibep@126.com

成品尺寸：170mm×240mm

印　　张：14.75

字　　数：210 千字

ISBN 978-7-5663-2722-2

印　　刷：北京九州迅驰传媒文化有限公司

版　　次：2025 年 6 月北京第 1 版

印　　次：2025 年 6 月第 1 次印刷

定　　价：79.00 元

前　言

互联网时代背景下，随着“一带一路”倡议的实施及中国企业“走出去”，企业英文网站成为企业外宣身份建构的重要平台，对提升国外受众对中国企业的形象感知具有重要作用。因此，本书研究聚焦于企业网站中身份的话语建构。回顾现有身份话语研究发现存在以下局限性：（1）现有研究多关注口语交际及书面语篇中的个体身份，对机构（企业）身份话语研究尚且不足，主要集中于企业年报、企业社会责任报告等商务语篇及企业社交媒体话语，对网站中企业身份的话语建构探讨较少；（2）就研究方法而言，现有机构（企业）身份话语研究以单个企业网站或部分商务语篇的案例分析为主，相对缺乏借助语料库工具探讨大规模企业身份话语语料的研究；（3）就研究视角而言，现有研究多关注单一文化语境中企业身份建构的某一特定话语策略，相对缺乏从多个话语层面对企业身份建构进行系统探讨，并对比不同文化语境中企业身份话语建构的异同。

鉴于此，本研究从社会建构身份观出发，以中美银行企业网站为研究对象，综合语用身份理论、企业沟通理论、跨文化理论等建构了适用于考察企业网站身份话语建构的研究框架，旨在回答以下问题：（1）主题内容层面，中美企业网站中的文本、图片身份话语分别凸显的主题有何差异？分别建构了何种身份类型？（2）语篇语用层面，中美企业网站话语呈现的语篇沟通方式、语用沟通策略有何特点？分别建构了何种身份类型？（3）词汇语法层面，中美企业话语在高频词、指称词及动词等词汇特征，以及在及物性小句分布上有何特点？分别突出建构了何种身份类型？（4）文化语境对企业网站身份话语的建构有何影响？文化语境影响对中国企业的外宣身份建构有何启示？研究采用基于语料库的话语分析、多模态话语分析、内容分析法等多种研究方法，以话语主题内容层面、语篇语用层面及词汇语法层面的身份话语策略分析为主线，将各层面身份话语策略的微观语言分析与企业身份建构相结合，对比中美两国企业网站身份的话语建构异同并探讨文化语境对其影响。

话语主题内容层面关注网站中文本、图片身份话语主题。首先，借助语料库工具 Wmatrix 分别对中美企业文本身份话语语料进行主题语义域分析，对比两国企业突出的话语主题、沟通策略及建构的身份类型。研究发现，中企概况主要突出发展历程、业务分布、行业地位等与企业能力相关的主题语义域，侧重于企业能力沟通策略，将企业建构为“历史悠久、管理层级分明的服务提供者”“业务分布广泛、管控风险的行业领导者”及“贯彻国家战略、服务地方经济的责任担当者”。而美企概况突出企业多元文化、员工志愿活动、环境保护等与企业社会责任相关的主题语义域；侧重企业社会责任沟通策略，将企业建构为“业务能力过硬的服务提供者”“关怀员工、服务社区、保护环境的社会贡献者”以及“追求可持续发展理念、维护关系的合作者”。随后，本研究采用多模态话语分析探讨了两国企业网站中图片身份话语主题及建构的身份类型。研究发现，中企图片以雄鹰、鼎、长城等非人物类参与者为主，突出企业精神、行业地位等主题，重视建构“行业竞争者”身份。而美企网站中的图片更为丰富，以员工、客户、社区人员等人物类参与者为主，突出多元文化、员工服务、社区贡献等企业社会责任行为，建构了其“社会贡献者”身份，且两国企业网站图片的意义建构方式存在差异。

语篇语用层面关注网站沟通方式、沟通视角及言语行为等语用沟通策略对企业—公众关系身份的建构。首先采用内容分析法、基于语料库的话语分析对网站互动性特征及话语交互性特征进行分析发现，中企网站互动性特征及话语交互性表现较弱，主要采用单向信息沟通方式，建构其“新闻播报者”身份。而美企网站呈现的互动性特征较多，话语更具交互性，企业更倾向于对话式沟通，突出其“沟通者”身份。从语用沟通策略来看，中企以自我陈述的“自构身份”为主，多使用报告类、叙事类及褒奖类等言语行为突出企业个体信息，披露企业“个体自我”（personal self）。而美企更突出员工、客户等多方参与主体共同协商建构的“他构身份”；使用寻求反馈类、建议类、请求类、故事分享类、表达类等多种言语行为，注重建构、维护公众关系，呈现企业“关系自我”（relational self）。

词汇语法层面关注高频词、指称词、词性分布等词汇选择，以及及物性语法选择对企业身份的建构。研究发现，中企倾向于以 the bank 自称，多使用数量词、形容词最高级等突出企业发展历程、领导者履职经历、行业地位等企业能力；而美企则多使用第一人称代词、物主代词等更具互动性的指称词，借助积极施为类动词突出企业社会责任行为。及物性过程分析发现，物质过程在两国企业身份话语中均使用最多。此外，中企侧重关系过程，赋予企业多种资源属性，突出企业能力；而美企使用心理过程较多，将企业拟人化，拉近与受众的距离。

本研究结合相关跨文化理论对两国企业网站身份话语策略的异同进行了阐释，同时为提升中国企业网站外宣身份话语建构能力及跨文化沟通能力提供了参考借鉴。此外，不同层面的企业网站话语特征分析对商务英语教学实践同样具有重要价值。

Preface

With the implementation of "One Belt, One Road" initiative and more and more Chinese companies "going out", corporate websites have become an increasingly important platform for discursive construction of corporate identities. In the era of internet popularization, discursive construction of corporate identities is greatly important to the foreign stakeholders' perception of Chinese corporations' international image. Therefore, the present research focuses on the discursive construction of corporate identities on websites. Based on a systematic review of the current literature on the discursive construction of identities, the present study points out there exists some limitations as follows: (1) Current studies are mainly centered on the individual identity in oral interaction or written texts, with little attention to the institutional (corporate) identity. Most scholars focus on the corporate identity discursively constructed in annual report, corporate social responsibility report or social media, with scant attention to corporate official websites. (2) As for the research method, current studies are mainly conducted in case studies, qualitatively exploring the discursive strategies present in a single website or a few business texts. The corpus-based approach to explore discursive strategies based on a large amount of business discourse online is under employed. (3) In terms of the research perspective, most studies focus on several specific discursive strategies in monocultural context, while a systematic and cross-cultural research of the multi-layered discursive strategies employed in the construction of corporate identities is far less addressed.

The present study, therefore, takes the perspective of Social Constructivism with pragmatic identity theory, corporate communication theory and cross-cultural theory as the theoretical foundation to propose a systematic framework of discursive construction of corporate online identities and aims to probe into the following questions: (1) At the thematic and content level, what are the themes communicated by the textual and visual discourse on Chinese and American corporate websites? What types of identities are constructed respectively? (2) At the textual and pragmatic level, what are the features of communication style, pragmatic strategies employed by Chinese and American corporations on their websites? What types of identities are constructed respectively? (3) At the lexical and grammatical level, what are the characteristics of high-frequency words, referential words, verbs and the transitive clauses employed in Chinese and American corporate online discourse? What types of identities are preferred to be constructed by Chinese and American companies respectively? (4) What impact does culture have on the discursive construction of corporate online identities? What implications can be provided for Chinese corporate identity construction in website international publicity? Drawing on the corpus-based discourse analysis, multimodal discourse analysis, content analysis, etc., this study explores the discursive strategies at content and thematic level, textual and pragmatic level, and lexical and grammatical level as its backbone, combining the investigation of linguistic realization of discursive identity strategies with the analysis of corporate identities. This study aims to compare the discursive construction of online identities by Chinese and American banks and explore the cultural influence.

Discursive strategies at the content and thematic level mainly concern the themes preferred to communicate in textual and visual discourse. Firstly, the corpus tool Wmatrix was employed to analyze the semantic domains in Chinese and American banks' corporate profile and further compare the prominent themes communicated and the identities constructed. Research findings indicate that Chinese banks favor the corporate ability strategy to communicate corporate development history, business distribution and industrial status to construct itself as a service provider with long history and well governance; as an industry leader with widely distributed business and comprehensive risk management; and as a responsibility-undertaker implementing national strategy and serving local economy. In contrast, American banks prefer corporate social responsibility strategy to introduce corporate inclusive and diverse culture, employees' volunteerism, environmental protection, and other social activities to construct itself as a service provider with competent capability; as a social contributor to serve employees, communities and protect environment; and as a cooperator to pursue sustainable development and maintain relations. Subsequently, the multimodal discourse analysis is adopted to compare the main themes communicated in the sampled pictures present on Chinese and American banks' websites and the corporate identities constructed. It has been found that Chinese banks' pictures depict more non-human participants like eagles, the Tripod, the Great Wall and other symbolic items to symbolize corporate spirit, industrial status and other themes to construct itself as a competitor. While American banks' websites entail more pictures, which depict more human participants like employees, customers, community members, etc., to construct the identity of social contributors. The way of meaning making in the sampled pictures is also slightly different.

As for discursive strategies at the textual and pragmatic level, the communication style on websites, communication perspective and speech acts are compared to reveal the relational identity constructed between banks and the public. Firstly, content analysis and corpus-based discourse analysis are adopted to analyze the interactivity of corporate websites and corporate discourse respectively. Chinese corporate websites are found to be less interactive with more informational discourse and tend to adopt one-way communication style to construct the banks as journalists. Whereas American websites with more interactive features and involved discourse prefer the dialogic communication style to construct banks as communicators. As for the pragmatic communication strategy, Chinese banks mainly adopt self-narrating to self-construct corporate identities, while American ones involve more participants like employees and customers in co-constructing and co-negotiating corporate identities. In terms of the speech act strategy, Chinese banks mainly use narrating, reporting and self-praising to build the "personal self", while American banks use more speech acts like soliciting feedback, suggesting, requesting, sharing stories and expressing to construct the "relational self", valuing building and maintenance of the relationship with publics.

As for the discursive strategies at the lexical and grammatical level, the present study compared the high-frequency words, referential words, part of speech features and transitivity clauses employed. The findings show that Chinese banks tend to use "the bank" as self-reference, together with more numbers, superlative adjectives to emphasize their development history, leaders' working experience and industrial status, while American banks use more interactive referential words like first person pronoun, possessive pronouns, together with more performative verbs to positively communicate corporate social responsibility. Transitivity clause analysis shows that material processes are employed frequently in both corpora. Besides, relational processes are more common in Chinese corporate discourse to illustrate the full range of attributes to emphasize the corporate competence, while American banks use more mental processes, personifying the banks to reduce the distance between companies and publics.

This study integrates the cross-cultural theories to account for the shared and unique features presented in Chinese and American banks' discursive construction of online identities. This study may provide practical implications for Chinese companies to improve their capability of discursive identity construction in their official English websites and international communication. Besides, the analysis of corporate discourse at different levels may offer educational implications for Business English teaching practice as well.

目　录

第1章

绪　论

1.1　研究背景

1.1.1　社会背景

据 Internet World Stats[①]统计，截至 2020 年 7 月，全球互联网用户已突破 48 亿，其中，英语是互联网用户使用最多的语言（Internet World Stats, 2020），占比 25.9%（截至 2020 年 3 月 31 日）。网站因其信息传播的便捷性、低成本及影响的广泛性，逐渐成为企业国际传播的首选（Bagdikian, 2004；戴鑫等，2019），因此企业英文官方网站建设成为中国企业国际化的必要环节。卢小军（2012：92）指出，中国企业英文官方网站是“展示中国企业形象的世界名片，是吸引顾客消费、扩大企业对外交流与合作、提升企业国际影响力的重要组成部分”。实际调研发现，越来越多的中国企业开始重视英文网站建设：以财富中国 500 强企业为例，2018 年，已有 344 家中国企业拥有英文网站，占比高达 68.8%。同时，网络技术的发展给传统面对面的线下人类交际模式带来了冲击（耿敬北、陈子娟，2016），疫情的暴发更加速了传统交际模式的变革与“线上经营、营销”的进程，后疫情时代，基于互联网的线上沟通交际逐渐成为主流趋势。

① https://www.internetworldstats.com

2009年，国资委信息中心对中央企业进行了网站建设评估，推进中央企业信息化建设。2013年，由大型企业网站能力建设研究编委会编写的《大型企业门户网站能力建设探索与实践》中指出大型企业门户网站具备五大能力，分别为形象宣传能力、市场营销能力、在线交易能力、客（用）户服务能力及资源整合能力；其中，“形象宣传”发挥企业名片作用（大型企业网站能力建设研究编委会，2013），便于公众快速、全面且直接了解企业状况。尽管上述讨论的企业门户网站指中央企业中文官方网站，但企业英文官网同样具有重要形象宣传能力，是国外受众了解中国企业的重要“信息窗口”，对助力中国企业建构外宣身份、塑造海外形象具有重要实践价值（邵益珍，2014）。企业应充分利用其英文官网这一重要信息平台，提升国际传播能力：一方面介绍企业产品、服务信息，重视发挥其信息传播功能；另一方面更应关注网站的人际互动功能，借助网站平台中丰富的话语符号积极建构自我身份，通过对企业文化、企业活动等内容的展示赢得员工、潜在消费者信赖。

在“一带一路”倡议和中国企业“走出去”战略推动下，国际经济、文化交流日益频繁。独特的外宣身份是中国企业在国际舞台上赢得受众信任的重要战略工具。企业外宣身份建构及形象宣传对提升受众印象感知、赢得受众信任至关重要，进而影响企业获取资源与竞争优势（Abdullah et al., 2013），关乎企业发展。国际商务学者指出新兴市场国家企业“走出去”，进入发达国家后会因母国制度环境等面临“来源国劣势”，常遭受东道国利益相关者的误解和歧视。在这样的背景下，新兴市场国家的跨国企业一方面需要提升企业硬实力，另一方面应提升企业跨文化沟通能力，利用自身话语体系建构企业外宣身份（杨勃等，2020）。

企业英文官方网站为企业外宣身份建构提供了重要平台，其内容丰富，融合了多种体裁类型，如企业简介、产品介绍、新闻报道及企业年报、企业社会责任报告等文本话语，同时还包括图片、超链接、视频等多模态话语。企业网站中的身份管理成为企业全球化战略的重要任务（Bravo et al., 2012a）。

丰富的言语与非言语符号为企业身份建构研究提供了重要话语资源，企业可根据传播意图和策略对企业网站设计、内容信息进行选择性呈现（戴鑫等，2019），同时也可对企业微观话语进行策略性使用，从而建构企业独特的身份。针对国际受众，中国企业外宣身份的话语性建构需要考虑不同文化、语言背景的受众需求，这是企业跨文化沟通实践的重要体现。现有网站相关研究已证实不同文化语境下企业网站在内容设计、话语特征及沟通策略上均存在差异，了解中外企业身份话语建构的差异性才能更有效地提升中国企业跨文化沟通能力及外宣身份建构能力。鉴于上述社会背景，本研究旨在探讨中国企业网站外宣身份话语建构策略，同时以美国企业为参照，探究不同文化背景下企业网站身份话语建构的异同。

1.1.2 理论背景

（1）企业身份研究呈现出跨学科态势

企业身份作为机构身份的一种，受到管理学、营销学、传播学及语言学等多学科领域的关注。20 世纪 90 年代国际学界已开展企业身份研究（Alessandri, 2001），相关研究多从管理学、营销学视角展开（例如：Balmer, 1995；Melewar＆Saunders, 1999）对企业身份的概念内涵进行了大量理论探讨，呈现出从静态身份观到动态身份观的过渡。静态身份观认为企业身份是企业“核心的、独特的且持久的特征”（Albert＆Whetten, 1985: 167），而动态身份观则强调企业身份是多元的、变化的（Balmer＆Greyser, 2002）。多元、动态身份观视角下，研究者关注到企业身份的构成要素，如企业身份是对品牌个性（personality）、企业文化、组织架构、企业战略及企业行为进行有计划、有意识的自我呈现（Melewar＆Karaosmanoglu, 2006）。随着身份研究的话语转向，企业身份的话语性建构也逐渐受到语言学领域学者关注，但国内语言学领域学者对企业身份的话语建构研究关注尚且不足。本研究将从身份的话语建构视角出发，探讨中美企业网站中身份的话语建构。网站中企业身份的话语建构较之传统书面语篇或口语交际中的身份研究有其独特性，涉及网站本身的设计特征、网站话语等沟通要素。因此，本研究尝试结合企业沟通理论、语言学领域中的相关身份理论等多学科理论探讨这一话语实践。

（2）网络交际空间中的身份建构研究是语言学领域的研究热点

网站、社交媒体等新媒体平台为身份建构提供了新的交际语境。较之传统交际，网络交际空间因其技术支持（technical affordance），如超链接、视频、图片、动图等超文本模态，在辅助话语实现社会建构功能中具有其独特优势（耿敬北、陈子娟，2016；Dayter, 2016）。网络情景中的身份建构逐渐成为多模态话语研究的重要话题（史兴松、徐文娟，2020），如探讨 X（Twitter 前身）、Youtube、微博等社交媒体中的身份建构（Dayter, 2016；Ledbetter, 2018；Yuan, 2018）、QQ 群等网络社区互动交际中的身份建构（耿敬北、陈子娟，2016）及 LinkedIn 中的语用身份建构（Tobback, 2019）等，但研究主体主要聚焦于个体身份，相对缺乏对网站平台中企业身份的话语建构研究。企业网站作为重要的网络社区，不仅以文本、图片等静态话语形式呈现，同时通过超链接等复杂结构实现与公众间的互动交际。公众可以在阅读模式（reading mode）与导航模式（navigation mode）间随意切换（Finnemann, 1999），这有助于企业与公众间亲近的关系身份的建构。此外，企业网站是企业进行自我宣传、自我身份建构的重要媒介。探索企业网站平台中话语与身份的互构机制既有助于了解企业网站的话语特征，也能够进一步拓展身份研究领域。

（3）身份的话语建构性为拓展企业身份研究提供了重要理论基础

企业身份的动态建构性逐渐受到学者关注，但管理学界多探讨企业身份要素的宏观表现，相对忽视微观企业话语对身份的建构性。身份研究是语言学领域的热点关切，尤其受社会语言学、语言人类学、话语分析、语用学等领域学者的关注（Bucholtz＆Hall, 2005）。话语是身份建构、协商的核心（De fina, 2011）。随着身份研究的话语转向，语言学领域的学者开始关注身份的话语建构性，从微观话语层面探讨教师、民族、城市、国家等不同群体的身份建构策略，而对机构（企业）身份的话语建构研究尚处于起步阶段（陈建平，2016）。企业网站身份的话语建构研究更少，现有相关研究主要探讨网站内容、设计特征，而对网站中企业话语对企业身份的社会建构功能探讨较少，而语言无疑是承载并构建企业身份的重要话语媒介，同样不容忽视。

（4）文化语境对企业身份建构具有制约性

“话语体系不仅是‘说什么话、怎么说话’的技术问题，还是一个民族国家思想状况、价值观念、形象认同的综合体现”（张学文，2015：13）。话语体系的形成具有重要的社会文化根源（陈建平，2016），不同文化语境中交际主体的沟通方式往往存在差异。现有学者已关注到不同文化背景下，企业在网站内容、设计特征（Singh＆Matsuo, 2004；Jiang＆Wei, 2013）、身份要素表征（Bravo et al., 2013）、沟通策略（史兴松、程霞，2021）及话语特征（王立非、部寒，2018；胡春雨、李旭妍，2018）等不同层面存在较大差异。企业网站外宣身份建构实质是企业对外沟通的话语实践，同样受文化语境的影响。本研究在汲取现有研究成果的基础上对比中美企业网站身份话语建构的差异，并结合相关跨文化理论对两国企业身份建构的差异性进行阐释。

1.1.3 小结

在国家大力推广中国企业“走出去”、促进中国品牌通过“一带一路”发展战略实现出海的社会背景下，本研究将对比中国企业网站外宣身份与美国企业网站身份话语建构的差异性，着重探讨两国企业如何通过策略性地利用网站中的各种话语符号进行身份建构，并结合相关跨文化理论讨论文化差异对企业网站身份话语建构的影响。鉴于企业身份研究的跨学科性及身份建构的语境制约性，在综合语言学、传播学领域相关理论的基础上，本研究尝试建构企业网站身份话语建构研究的综合框架，并以美国企业为参照，对中美企业网站中身份话语建构策略及相应建构的身份类型进行跨文化比较。

1.2 研究意义

1.2.1 理论意义

本研究的重要理论价值主要体现在以下三个方面：

（1）有助于丰富和拓展身份研究视角与研究方向。国内企业身份研究多集中于管理学领域，关注组织身份变革、顾客–企业认同等企业身份管理实践（例如：康俊等，2014；杜晓君等，2015），而语言学领域学者对机构身份、企业身份的探讨相对较少，尚处于起步阶段。企业身份研究离不开企业话语，本研究尝试建构企业网站身份话语研究框架，从各个话语层面更为综合、系统地探讨网站中企业身份建构的话语策略。在研究主体上，本研究丰富了语言学领域对机构（企业）身份的研究；在研究体裁上，本研究拓展了新媒体平台中的身份话语研究。

（2）有助于加深对企业话语社会建构功能的理解。话语不仅用于客观陈述事物，还能表达言语者观点，实现交际互动（Lischinsky, 2011）与建构社会的功能。Halliday 和 Matthiessen（2004）强调语言具有三大元功能，即概念功能、人际功能及语篇功能。同样地，企业话语不仅具有信息传播功能，还在建立与维持企业–公众关系、宣传自我形象、建构自我身份中发挥重要作用。本研究对企业网站身份话语在各个层面的话语特点、话语功能及建构的企业身份类型进行剖析，有助于加深我们对企业话语社会建构功能的理解。

（3）对提升企业网站国际传播能力具有重要的理论意义。本研究对中国企业英文官网中的外宣身份建构与美国企业网站中的身份建构进行了跨文化对比，不再局限于网站设计层面的内容分析，更为关注网站中企业话语的社会功能。对比中美企业网站话语主题内容、语篇沟通方式、语用沟通策略及词汇语法特征等不同层面的话语表现，有助于拓展网站跨文化传播研究的理论视角。

1.2.2 实践意义

本研究对企业身份话语建构能力、企业网站跨文化沟通能力及商务英语教学具有重要实践价值。

（1）对提升企业身份话语建构能力具有重要实践意义。国际化背景下，企业英文官方网站成为企业外宣身份建构的重要平台，汇集企业概况、企业年报、企业社会责任报告、产品服务等信息，中国企业如何向国际受众呈现自我、建构自我身份会影响企业国际传播效果。受国家文化影响，在不同文化背景下，企业网站身份话语建构策略存在差异，如网站话语突出的不同主题内容、沟通方式、言语行为、词汇选择等（李朝渊、吴东英，2016；邓鹂鸣、周韵，2020）。从不同话语层面探讨两国企业网站中身份与话语互构、协商异同有助于了解不同文化语境下企业网站话语沟通差异，对提升中国企业英文网站建设、网站外宣身份建构能力具有实践意义，有助于企业真正实现从期望建构的理想身份（ideal identity）到受众感知的理想企业形象（ideal image）的转变。

（2）有助于提升企业网站跨文化沟通及传播能力。本研究从不同层面考察中美企业网站身份话语表征的异同，一方面有助于了解中国企业网站外宣身份建构的现状，了解企业是否针对国外受众进行了跨文化调适；另一方面，研究结果能够为进一步优化中国企业英文官方网站建设、提升中国企业网站跨文化沟通能力、国际话语能力及传播能力提供参考和借鉴。

（3）对商务英语教学实践具有重要意义。本研究着重探讨了企业概况页这一最为直观建构身份的商务体裁，包括对其话语主题内容、沟通方式、言语行为等语用沟通策略及词汇语法特征等不同层面的话语表现进行了系统性分析，这有助于深入了解企业话语特征；同时对比两国企业在上述层面的差异能够提醒商务英语教学，尤其在商务英语写作教学中应增强跨文化意识，培养学生了解并掌握国际企业话语特征，在实际商务英语写作中关注受众的文化背景。本研究还对企业网站中图片、超链接等其他话语符号进行了探讨，这对了解企业网站的话语特征及功能具有实践意义。

1.3 研究对象与方法

企业网站是企业向国际受众展示自我的重要平台，而网站中丰富的话语资源是企业身份建构中的重要载体。通过调用不同话语资源，企业旨在突出不同的企业个体品质，如负责任的（responsible identity）、有竞争力的（competitive identity）、道德的（ethical identity）、环保的（green identity）等。本研究借鉴 Simon（2004）的“自我维度身份模式”（Self-aspect Model of Identity）概念，将上述个体特征均界定为企业自我维度身份（self-aspect identity），综合基于语料库的话语分析、多模态话语分析等多种研究方法，从不同话语层面更为系统、综合地探讨企业如何有效调用网站中的文本、图片等多模态话语进行身份建构。企业概况页作为网站中企业身份话语建构的最直观的商务体裁，是本研究的主要关注点。此外，本研究还关注网站中图片对企业身份的话语性建构。

研究对象方面，本研究旨在考察中美企业网站身份话语建构的异同，考虑行业差异对网站身份话语建构的影响，最终选定中美银行企业各 30 家为样本企业，具体探讨中国企业英文官方网站中的外宣身份与美国企业官网中的身份话语建构策略。行业选取银行企业的原因在于：（1）金融危机后，金融服务业面临更多公众压力，如何通过有效沟通建构值得信赖的企业身份对赢得消费者信任至关重要；（2）技术创新推动下金融服务业市场竞争激烈，企业网站已成为银行企业的重要服务平台，独特的网站身份对吸引顾客，提升企业竞争力至关重要；因此银行企业相对更为重视网站身份建构。选取中美两国企业主要基于以下考虑：首先，中美两国作为世界上最大的两个经济体，两国均具有优秀的代表性银行企业。其次，中美两国作为典型的东西方文化代表国家，两国文化差异较大，两国企业在网站话语特征、网站话语使用策略以及网站身份建构中可能存在较大差异，对两国企业身份话语建构进行跨文化比较研究更具代表性，同时对提升中国企业跨文化沟通与传播能力具有实践意义。

研究方法方面，本研究综合语用身份理论、企业沟通理论、批评话语分析及跨文化相关理论，尝试建构更具综合性、系统性的企业网站身份话语研究框架，分别从话语主题内容层面、语篇语用层面及词汇语法层面探究企业身份话语建构策略及具体语言实现手段，进而探讨各话语层面建构的企业身份类型。针对各层面的话语策略及具体语言实现手段，本研究将综合采用基于语料库的话语分析、多模态话语分析、内容分析、批评话语分析及跨文化对比分析等多种研究方法，系统探讨其各话语层面建构的企业身份类型，并结合相关跨文化理论对研究结果进行阐释，进而揭示文化语境对身份话语建构的影响。

1.4 研究创新

1.4.1 理论创新

首先，身份具有多元性，既表现为年龄、性别、种族等相对稳定的个体特征，也包括个体话语在不同情景语境下建构的动态身份。同样，企业身份是企业话语实践不断动态建构的产物。本研究将综合语言学、传播学等学科理论，尝试构建企业网站身份话语研究的综合框架，分别从话语主题内容、语篇语用策略以及词汇语法层面探讨中美银行企业网站话语表现的异同及相应建构的企业身份类型，为未来探讨新媒体平台中的身份研究提供重要的理论基础。本研究尝试实现不同学科间的沟通借鉴，克服以往不同学科对企业身份各自为政、单一孤立的分析视角，更为全面、综合地探讨网站平台中的企业身份话语建构，拓展企业身份研究视角。

其次，本研究将企业网站身份话语研究置于跨文化语境中，结合相关跨文化理论探究文化语境对企业身份话语建构的制约性。本研究既关注企业自身对动态身份建构策略的主观选择性，也承认文化语境对企业话语策略选择的制约与影响，综合身份的修辞视角与文化视角考察企业网站身份话语建构。了解中美企业网站身份话语在不同层面的表征异同，有助于丰富企业网站沟通和企业话语相关的跨文化研究。

1.4.2 方法创新

本研究在方法上有以下创新之处：（1）企业网站身份话语建构不仅表现为文本、图片对企业身份的直观建构、协商；网站中的超链接、导航栏等设计特征同样影响企业的沟通方式，从而影响企业与受众的关系身份建构。因此，本研究在研究方法上综合了基于语料库的话语分析、多模态话语分析及内容分析法等多种研究方法，既关注文本话语及图片话语，也关注影响企业沟通的网站互动性特征，从不同层面对企业身份话语的建构策略展开研究。（2）以往语言学领域对企业身份的研究多针对单个企业或少量企业的部分语篇展开定性分析，鲜有研究借助语料库工具对企业身份话语进行大规模调研。为减少人工判别的主观性，本研究借助语料库工具 Wmatrix 对企业身份话语进行主题语义域的自动识别，并结合人工判别，探讨两国企业身份话语各自突出的主题差异及建构的身份类型。同时还借助其他语料库工具包括 MAT、Wordsmith 以及 Sketch Engine 辅助进行相关语言特征分析。（3）企业网站话语有其自身独特性，需结合传统话语研究与网站自身话语特征对各层面的话语策略进行探索性分析。针对不同层面的话语特征与策略，本研究将采用不同的研究方法，既关注话语主题内容，也关注语篇语用策略与词汇语法特征的表现，将企业身份话语策略落实到不同层面，为未来研究提供一个具有可操作性的研究框架。例如，针对话语主题内容策略的分析，本研究分别对文本身份话语进行主题语义域分析，对图片身份话语进行多模态话语分析，进而探讨其突出的话语主题及建构的身份类型。针对不同层面的话语策略，本研究明确提出了其对应的观测维度，这对未来研究具有一定参考意义。

1.5 章节结构

本书共分为八章。第一章为绪论部分，围绕本研究的社会背景与理论背景，指出本研究的目的与研究的必要性，包括其理论意义与实践意义。随后介绍了选取的研究对象及采用的研究方法，最后概括了本研究在理论及方法方面的创新之处。

第二章为文献综述部分，首先，对身份、企业身份、企业网站、企业网站身份、企业话语等关键术语进行概念界定，随后综述了现有语言学领域对身份话语建构研究的理论视角与实证研究，指出目前身份话语研究的主体多为个体、国家，而对机构身份、企业身份的关注较少。其次，对目前机构（企业）身份话语研究成果进行综述后指出现有研究在研究体裁、研究方法上存在的不足之处；最后，总结现有企业网站跨文化沟通研究的进展和不足，进一步明确本研究从跨文化视角对比中美银行企业网站身份话语建构的必要性。

第三章为理论基础及研究框架，首先梳理本研究的重要理论基础，具体包括语用身份理论、企业沟通理论、批评话语分析及跨文化相关理论。基于上述相关理论基础，本研究建构了企业网站身份话语研究框架，具体从话语主题内容层面、语篇语用层面及词汇语法层面的身份话语建构策略及具体语言实现手段展开分析，进而探讨不同话语层面建构的企业身份类型。

第四章为研究设计，研究者首先基于第三章的研究框架及研究关注点提出了四个研究问题，随后详细介绍样本企业的选取、分析页面的确定及语料的搜集过程，最后对本研究采用的研究方法进行详细阐述。

第五章至第七章为本研究的核心部分，分别对应研究框架中话语主题内容层面、语篇语用层面及词汇语法层面的身份话语建构策略。第五章从话语主题内容层面探讨中美银行企业网站身份话语建构策略，首先借助语料库工具 Wmatrix 对两国企业文本身份话语进行主题语义域分析，并探讨了两国企业在沟通内容上侧重的沟通策略及相应建构的身份类型；随后采用多模态话语分析对两国企业的图片身份话语凸显的话语主题进行了分析，进而探讨图片话语突出的身份类型。

第六章从语篇语用层面探讨两国银行企业网站身份话语特征，主要考察两国企业网站互动性与话语交互性特征影响下的企业沟通方式，以及语用层面的视角化策略及言语行为策略，并探讨其建构的身份类型。

第七章从词汇语法层面对比两国银行企业身份话语建构异同，主要借助语料库工具 Wmatrix、Sketch Engine 分析两国企业身份话语在词汇选择（如高频词分布、指称词、词性分布）与及物性过程小句使用的异同。

第八章为结论与讨论部分，首先结合第五章至第七章的分析结果，对第四章提出的研究问题进行一一回应，包括对话语主题内容、语篇语用及词汇语法层面的企业身份话语策略进行总结与阐释，并基于研究发现，为中国企业网站外宣身份建构提出参考借鉴。随后指出本研究的贡献所在，最后，基于本研究存在的局限与不足指出未来研究方向。

第2章
文献综述

本章对身份、机构（企业）身份、企业话语等相关研究进行回顾与评述，为本书奠定重要研究基础。身份研究是人文社科领域的研究热点，经历了从本质身份观到社会建构观的转变，身份不再局限于稳定的社会角色分类，而是话语互动中动态协商、建构的多元、复杂的话语构念（De Fina et al., 2006）。语用学者进一步提出了“语用身份”（陈新仁，2013），强化了身份的“资源性”及“修辞性”，推动身份研究从“共建观”向“修辞观”发展。相关身份理论、身份与话语的互构研究为探讨企业网站身份的话语建构奠定了重要理论基础，同时对本研究提出研究框架与方法具有重要借鉴意义。

就企业身份研究而言，企业身份备受业界、管理学界关注，业界多从管理实践视角探讨企业身份要素。20 世纪 90 年代，管理学界及营销学界开始对企业身份展开研究，主要对企业身份的要素构成进行了大量理论探讨（Balmer, 1995；Melewar & Saunders, 1999），关注视觉身份、企业文化、企业行为、企业沟通、企业战略及组织架构等宏观身份要素的表现。随着研究的深入，学者拓展了研究情境，开始关注网站平台中的企业身份要素呈现（Coupland & Brown, 2004；Bravo et al., 2013），相对忽视了企业话语对企业身份的微观建构。就企业话语研究而言，语言学领域学者关注传统语言特征研究，如特定商务体裁的词汇、语法、语篇特征（Labrador et al., 2014；王立非、部寒，2017；2018；Breeze, 2018）；同时企业话语的社会功能也引起了部分学者的关注，如人际互动、劝说功能（Pollach, 2005；Fuoli, 2012；2018）。近年来，随着企业身份研究的话语转向，部分语言学领域学者开始关注企业话语对身份的社会建构功能（Lischinsky, 2011；乌楠、张敬源，2019）。此外，企业网站、社交媒体等媒介平台，因其丰富的话语体裁、话语模态逐渐成为身份研究的热点研究情境，研究者开始关注网络语境中企业身份的话语建构（如 PAD research group, 2016；Feng, 2017）。回顾上述相关领域的研究具有重要理论指导意义。

本研究首先对身份、企业身份、企业网站、企业网站身份、企业话语等关键概念进行界定，随后，分别对身份的话语建构研究、机构（企业）身份话语研究以及文化语境对企业网站沟通的影响研究进行系统梳理，最后，本研究将对现有研究的进展及不足进行评述，明确本研究的方向及必要性。

2.1 术语界定

2.1.1 身份

“身份”（identity）一词最早出现在 12 世纪出版的《牛津英语词典》中，指“人或物体区别于其他人或物体的特征或事实”。身份最初是一个哲学概念，是对“我是谁”的回答。研究者多从哲学思想中寻求身份研究的理论基础，表现出本质主义和建构主义两种视角（袁周敏，2011b）。本质身份观强调身份的社会属性，认为身份是社会个体或群体在一定社会关系中的地位或在社会关系中扮演的角色（Stryker, 1987），是相对稳定和不变的，如年龄、性别、种族、职位或同学关系等，侧重身份的社会性。社会建构主义观则认为身份不是事先设定的，而是磋商（negotiation）与语境化（contextualization）的结果，身份是在互动中建构的（Goffman, 1959；Norton, 1997；Bucholtz & Hall, 2005；De Fina, 2010）。静态、稳定的本质身份观逐渐受到社会学和心理学界的挑战，社会建构身份观逐渐占据主流，强调身份的动态性（dynamic）、流动性（fluid）及多元性（multiple）（Tracy & Robles, 2013）。身份研究是人文社科的研究热点，受哲学、社会学、社会心理学、语言学、文学及传播学等多学科关注，研究涉及“人的个体属性、人与社会、人与他人的关系”（王雪玉，2013）。身份研究具有多学科性或跨学科性，不同学科视角下，学者对身份的概念界定存在差异。

20 世纪 80 年代，社会心理学家提出了社会身份理论（social identity theory）及身份理论（identity theory），前者依循社会学路径，Tajfel 和 Turner（1986）区分了个体身份与社会身份，强调个体身份源于对自我群体归属的认知以及群体带给个体的情感和价值意义，通过内群体偏好和外群体偏见建构群内身份或群外身份，侧重身份的心理认知层面。后者以 Stryker 为代表，依循心理学路径，强调社会结构对身份的影响，行动者在多元社会网络中通过凸显等级（salience hierarchy）建构不同身份，具体实施的身份则与附着的角色期待和社会情境相关（Stryker, 1980）。

Simon（2004）则进一步提出更具全面、综合性的身份概念界定，即“自我维度身份模式”（Self-aspect Model of Identity），指出身份是人们基于个人经验、与物质及社会环境关系对自我不同维度的阐释，既具社会性，也有认知性。“自我维度”（self-aspect）概念源于 Linville[①]（1985），指个人对自我阐释、自我呈现的认知分类。“自我维度”涵盖的内容宽泛，包括以下多个层面：心理特征或个体品质（如内向的、负责任的）、身体特征（如红色的头发）、社会角色（如父亲、母亲）、语言能力（如双语的）、个人喜好（如喜欢西餐、红酒）、态度（如喜欢、讨厌）、行为特征（如工作努力）以及成员身份（如青年俱乐部成员）。Simon（2004）的身份“自我维度模式”概念内涵丰富，综合了社会学、心理学和社会认知路径（袁周敏，2011b）。在社会互动中，说话人基于个人经验、社会关系，通过“自我阐释”（self-interpretation）不仅可以呈现社会角色、成员身份等相对宽泛的社会关系，也可以呈现个体品

① Linville（1985）提出“自我维度”的概念，自我是一个有组织的多维认知结构，涉及人们看待自我的方式，这种看待自我的方式就是人们的自我维度。

质、态度、行为特征等具体的微观特征。

本研究综合身份的话语建构性及 Simon 的“自我维度身份模式”（Self-aspect Model of Identity），将身份界定为个体或机构通过话语建构、凸显的自我维度，反映在话语主题内容层面、语用沟通层面及语言特征等不同层面的个体或机构的内在特征。

2.1.2 企业身份

大量文献对“企业身份”与“企业形象”等同混用，但二者存在细微差异，企业身份强调企业对“自我形象的塑造表达”（self-expression），而企业形象则侧重受众对企业的印象感知、关系“联想”（association）（Chun＆Davies, 2001），是一种持久的受众感知（Balmer, 2001），各利益相关者对企业形象的感知最终形成了企业声誉（Otubanjo, 2012）。企业无法直接控制受众对企业的形象感知，但作为“信息发送者”，企业可以建构积极的身份特征，凸显企业优秀个体品质，进而影响“信息接受者”的印象感知，提升企业形象与企业声誉（Marwick＆Fill, 1997；Ingenhoff＆Fuhrer, 2010）（如图 2.1 所示），企业的自我身份建构影响受众对企业的评价，对企业自身发展具有重要作用；反过来，受众对企业的印象感知和评价也会进一步影响企业对自我形象的塑造和呈现，从而形成企业自我身份建构与受众对企业形象感知之间的动态互动过程。

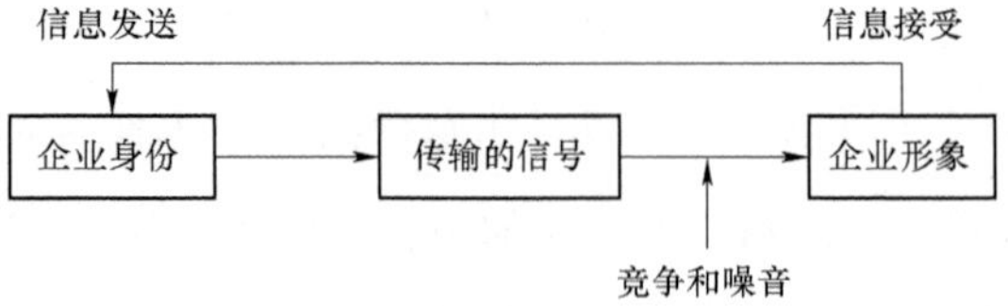

图 2.1　企业身份与企业形象（改编自：范秀成、陈洁，2012）

“企业身份”最初由 Lippincott 和 Margulies 于 1957 年提出，指区别第三方的企业“商标”（logo）及象征“符号”（symbols）。1994 年成立了专门的国际研究小组 International Corporate Identity Group（ICIG），并在斯特拉思

克莱德商学院（Strathclyde University Business School）举办了首次研讨会。《斯特拉思克莱德宣言[①]》（Strathclyde Statement）指出："任何组织都有身份，企业身份传达企业精神、价值观及企业目标，体现企业区别于行业竞争者的个性"。企业身份建构意在回答"我是谁，我在做什么及我怎么做"（Lambert, 1993），是企业对外沟通中主动塑造的积极、独特的自我形象。学界对企业身份的内涵界定并未达成共识，逐渐呈现多学科态势，从最初单一、静态的视觉表征到多元、动态的身份内涵过渡（Balmer＆Greyser, 2002, 2003; Melewar, 2003）。van Riel 和 Balmer（1997）提出了企业身份矩阵（corporate identity mix），由企业行为、沟通及视觉表征三个维度构成；其他有关身份要素维度的分类探讨，如核心价值观、信念、产品及战略四维度（Bick et al., 2003）；企业沟通、企业设计、企业文化、企业行为、企业结构、行业身份及企业战略七维度（Melewar＆Karaosmanoglu, 2006）。以上为管理学界对企业身份的内涵界定，较为关注身份要素分类。随着身份研究的话语转向，企业身份的话语建构性逐渐受到语言学领域学者的关注。

语言学领域的学者主要从话语视角出发，强调企业身份是在对外沟通话语实践中微观建构的，而非交际发生前固定不变的个体特征，这体现了身份的社会建构观。Christensen（2008: 1016）将"机构身份"定义为"机构向公众的自我呈现"（self-representation），是通过机构话语建构、协商的结果。企业身份作为重要的机构身份，也是企业话语实践的产物。Bhatia 和 Lung（2006: 266）指出企业身份是"多维的，是通过企业各利益相关方的话语及企业文化动态建构的"。Breeze（2013）指出，企业身份建构本质上是一种自上而下的话语实践，并由企业高层控制、协商及严格管控。不同视角下探讨的企业身份类型同样存在差异，如分别从身份主体和受众视角探讨的真实的（actual）、沟通的（communicated）、感知的（conceived）、期望的（desired）及理想的（ideal）等五种身份类型（Balmer＆Greyser, 2002）。综合语言学界

① ICIG 于 1994 年成立，每年举办 ICIG 研讨会，Strathclyde Statement 的具体介绍详见官网 https://www.icig.org.uk。

对企业身份的概念阐述，并结合 Simon（2004）的“自我维度身份模式”（Self-aspect Model of Identity），本研究从话语建构视角出发，强调企业身份是企业对外沟通实践中突出的企业自我特征，涵盖企业视觉象征符号、书面及口头话语等一切沟通实践（van Riel, 1995）。

2.1.3 企业网站、企业网站身份

企业网站是一种“新兴超媒介体裁集合”（Furuta & Marshall, 2012：182），具有动态性、超文本性及多模态性。企业网站资源丰富，融合企业概况、企业年报及企业社会责任报告等各种书面体裁，以及图片、视频、音频、超链接及企业商标等多模态符号。企业网站因其具有“开放性、无地域时空限制、信息搜索成本低、速度快、交互能力强”等优势（潘广锋、王兴元，2013），逐渐成为企业信息沟通、国际传播的重要平台（Bagdikian, 2004；戴鑫等，2019）。大多数国际性企业不仅具有母国官方网站，还通过建设针对目的国的英语或其他语言的多语种网站向海外受众传播企业信息，进行自我身份建构。鉴于英语在互联网用户语言中占比最多，企业英文官方网站成为中国企业国际传播的重要媒介。企业网站不仅发挥信息传播功能，同样具有身份建构等人际功能（Habil, 2008）。企业通过其官方网站向受众策略性地呈现企业历史、企业文化、企业战略、组织架构等企业信息，凸显企业价值认同、个性特征等，从而对企业身份进行话语性建构。相关信息的呈现并非简单的单向信息输入，而是企业与潜在受众互动交际的过程，是企业在权衡受众交际需求、文化语境及网站本身设计特征等因素制约下的话语实践。

企业网站身份是企业网站沟通实践中主动、积极建构的“沟通身份”（communicated identity）（Powell et al., 2009），即企业如何在网站中向受众建构自我形象。企业官方网站是企业向受众呈现“我是谁”、建构自我身份的重要平台，企业通过策略性使用文本、图片、超链接等网站话语符号向公众主动、策略性地“自我呈现”（self-representation）（Alessandri, 2001：177）。企业通过策略性选择相关话语主题、沟通方式、词汇表达等方式突出自我特

征。本研究将聚焦于中国企业英文官方网站身份与美国企业官方网站身份的话语建构，并探讨文化语境对这一话语实践的影响。

2.1.4　企业话语、企业网站话语

话语是个体与社会相互作用的社会实践（Fairclough, 1992：63），话语实践不仅能够描述事物，同样具有行事功能（Potter & Wetherell, 1987）。机构话语研究探讨的是特定机构中话语的呈现方式及话语与机构的相互作用（孙咏梅，2013）。作为重要的机构话语，企业话语研究同样探讨了企业中话语的使用及话语与社会的互动实践。

广义的“企业话语”不仅指企业实际使用的语言，还囊括企业信念、行为及沟通互动等企业存在的社会实践（Jaworska, 2019），包含企业各个层面的“沟通活动”（communicative activity）（Breeze, 2013：23）。依照话语功能分类，企业话语可分为“促销性话语”（promotional discourse）与“信息性话语”（informative discourse）（Breeze, 2013），而实际沟通实践多为“混合式话语”（hybrid discourse），企业一方面呈现企业信息（如企业文化、价值观等），另一方面则通过对其信息沟通方式，如话语主题、言语行为等话语策略进行调适，积极建构企业自我身份，实现企业自我营销的目的。本研究具体探讨企业网站话语，包括网站中的文本、图片、超链接等一系列话语符号构成的话语体系，关注企业如何通过网站话语实现其自我身份建构。

2.2　身份的话语建构研究

身份的话语建构研究逐渐成为语言学领域对身份研究的主要方向，包括社会互动语言学、话语分析及语用学等研究视角。本节主要回顾语言学领域对身份的话语建构研究，首先对不同研究视角下身份相关理论进行梳理阐释，随后回顾相关实证研究，并对现有研究取得的成绩与不足进行综合评述。

2.2.1 身份与话语研究理论视角

身份与话语是密不可分的（De Fina et al., 2006），二者是相互影响、相互建构的关系（陈新仁，2013）。詹姆斯·保罗·吉（James Paul Gee）（1999）在《话语分析导论：理论与方法》中指出了话语的 7 项建构任务，即意义建构（significance）、活动建构（activity）、身份建构（identity）、关系建构（relationships）、立场与策略建构（politics）、联系建构（connections）、符号与知识系统建构（sign system and knowledge），其中身份建构（identity）是话语的重要建构功能之一。

身份与话语的互构研究主要源于社会建构主义的哲学基础。社会建构主义是与本质主义相对立的哲学思想。本质人格观认为个体人格存在差异性及稳定性，一旦形成，不因时间的改变而改变。个体的人格特质能够影响和预测个人行为（丁道群、叶浩生，2002）。社会建构主义则建议用“身份”代替传统的“人格”概念，更能反映其社会性与多元性。身份不是独立存在于个体中，而是存在于人与人之间的社会关系中。身份是通过社会建构的，个体的思想、价值观、人格品质依赖于我们所处的社会情境，在不同社会情境、社会角色中，我们会呈现不同的“自我维度”（丁道群、叶浩生，2002）。社会建构主义视角将身份研究从静态的个体内部世界转向动态的社会互动。社会互动离不开语言的使用，“语言是社会实践的一种动态形式，它建构社会身份、社会关系及人们对世界的理解”（项蕴华，2009：189）。基于社会建构的身份观，语言学领域的学者从不同视角展开身份与话语的互构研究。

（1）社会语言学视角

社会语言学视角下的身份研究主要探讨互动交际中的个体身份。本文依照袁周敏（2016）对社会语言学视角下的身份研究回顾方式，从打破结构语言学传统的 Labov 开始。Labov（1966）通过民族志的方式考察城市语言变体（如语音）与阶层、教育背景、职业、种族及性别等社会身份变量之间的关系，此研究探讨的社会身份采用身份本质观，即身份是先于言语存在、较为稳定的个体特征，对其语言使用具有预测作用。类似研究还有 Bernstein（1971）探讨了社会阶层与认知表达方式之间的关系，发现中产阶级家庭与工薪阶层家庭环境中成长的孩子在言语表达、语码转换中存在差异。上述变异语言学学者探讨的社会身份属于较为宏观的社会范畴，而对身份的其他“自我维度”，如个体品质阐述得较少；虽然也强调了语境的重要性，但其探讨的语境属于宏观社会环境，对即时互动沟通语境涉及较少。

互动语言学家弥补了上述不足，代表性学者 Gumperz（1968）对言语社区的研究拓展了社会身份的语境，“言语社区”（Speech Community）指“任何以共享的口头符号系统而频繁进行日常交流互动的人类集体，同时因为语言运用方面的显著不同而互相区分”（Gumperz, 1968: 381），个体可能存在于多个言语社区，不同言语社区中使用的语言表达方式存在差异。言语社区模式为语言与说话人的社会身份间的关系提供了一个解释性框架（袁周敏，2016）。学者们进一步指出语言变体的原因可能不仅仅来源于说话人的社会身份，而且与听话人的社会身份同样相关。Giles et al.（1973）提出“言语适应模式”（Speech Accommodation Model），指说话人在交际互动中通过“趋同”（convergence）或“趋异”（divergence）的方式去适应听话人，选择性地凸显自我身份特征。互动社会语言学视角下的身份研究已体现出社会建构主义身份观的思想，不再将身份局限于稳定不变的社会范畴。

（2）系统功能语言学视角

系统功能语言学视角下的身份研究主要基于社会建构主义身份观，关注身份建构的语义资源与语境制约（石春煦，2019）。系统功能语言学理论是话语分析的重要理论基础（Halliday, 1994: xv），能够揭示语言的社会建构功能。Halliday（1994）将话语的三大元功能概括为“概念”（ideational）功能、“人际”（interpersonal）功能及“语篇”（textual）功能，概念功能指语言是对客观事物、过程或者环境的反映，又分为“经验”（experiential）功能与“逻辑”（logical）功能。“及物性系统”（transitivity）是实现经验功能的重要语义系统，具体由六种过程类型构成，即物质过程、行为过程、心理过程、言语过程、关系过程及存在过程。及物性系统主要以参与者角色和过程为核心，及物性分析对识解交际主体及其行为具有重要意义。人际功能则用以表达对客观事物或过程的态度或评价，这对建立交际主体间的关系至关重要。而语篇元功能则用于组织语篇，实现概念功能与人际功能，顺应特定语境。Tann（2010）指出身份构建需要文本的三大元功能的“共同发声”（co-articulation），一方面将主体身份“范畴化”（categorized），并通过有序组织语篇赋予主体各种属性，建构与维持交际者关系。Pollach（2005）从系统功能语言视角探讨了企业如何借助网站中的话语资源实现语言的三大元功能，对企业自身形象进行积极建构。或有研究者通过及物性分析解读话语主体身份的定位、凸显与隐含，如柴改英、刘佳丽（2019）通过及物性小句分析探讨了政府外宣形象的塑造，发现杭州政府工作报告中分别通过对关系过程、物质过程及心理过程的映射构建了政府作为“去中心化”的责任者、“行动者”及“精神引领者”的自我形象特征。

除元功能思想外，语境影响也是身份研究中的另一重要关注点。系统功能语言学继承了 Malinowski（1923）及 Firth（1957）的思想，强调语境的重要性及语言的社会属性；将语言看作是一种符号资源，用以反映客观世界、表达态度；这为语篇研究提供了重要的理论基础。理解语篇不仅要考虑语篇发生的小环境，即“情景语境”（context of situation），同时还需要考虑“文化语境”（context of culture）（Malinowski, 1923）。语篇中的词汇选择、结构特征均与语境密切相关（Firth, 1957）。随后系统功能语言学学者进一步丰富了对语言使用者身份的研究，如语篇中话语主体身份构建及话语策略的研究（Hyland, 1998; 2012）；或从个体化视角考察个体如何有效调用“个体意库”（repertoire）中各种符号资源进行身份的动态建构，发挥主观能动性（Martin, 2008；旷战，2017；石春煦，2019），同时关注语境对身份建构中话语资源分配的制约性，如旷战（2017）基于社会功能语言学，对自建的医患会话语料库进行分析，分别从词汇语法、语篇语义、语域及语类四个层面探讨了精神医患会话场域中，医生如何调用个体意库的社会符号资源，动态建构其作为“同伴”“关心者”等身份特征，实现与患者的情感绑定。

此外，基于系统功能语法的视觉语法理论（Kress & van Leeuwen, 1996; 2006）及多模态设计理论（Kress, 2010）为多模态语篇中的身份研究提供了重要的理论基础。视觉语法理论强调图片类似于语言及其他社会符号模式，具有三大重要功能，即再现功能、互动功能以及构图功能，分别对应于语言学中的概念、人际及语篇功能。再现功能又分为概念再现与叙事再现，二者的区别在于有无“矢量”（vector）参与；叙事再现中参与者通过矢量关联，反映参与者正在做某事或者彼此作用，对应功能语言学中的动作过程、反应过程、言语过程和心理过程；而概念再现则表现为参与者的“等级（class）、结构（structure）或意义（meaning）”（Kress & van Leeuwen, 2006: 59），可分为分类过程、分析过程与象征过程。互动功能则是通过接触、社会距离、态度和情态要素实现的。构图功能则由信息值、显著性及取景框架体现，将图片要素组织成有意义的整体，从而实现再现功能与互动功能。基于上述理论的多模态话语分析能够解读图片的意义潜势，揭示交际者如何通过图片参与者的选取、取景角度等实现再现与互动等意义建构。辛志英、黄国文（2010）指出系统功能语言学旨在实现对意义的普遍描写，而身份的话语建构实质为交际主体通过语言、非语言等话语符号表达意义的过程。因此，系统功能语言学理论为口语、书面及多模态等各种语篇中的身份研究提供了相对普遍适用的理论基础。口语交际或多模态语篇中的身份研究涉及语言、副语言等多种话语符号，因此离不开多模态话语分析；因此，不少学者结合系统功能语言学的相关理论对个体、机构等身份建构进行了探讨。石春煦（2019）提出将个体化视角与多模态设计理论（Kress, 2010）相结合为多模态语篇中的身份建构提供社会符号学分析框架，并借此分析起诉书宣读人员如何实现身份建构，验证了其框架的有效性，为数字化时代身份研究提供了重要参考。其他学者还探讨了网站、社交媒体平台中图片的意义建构及其语用功能（如：Cheng, 2016；PAD research group, 2016；王建华，2019）。本研究探讨企业网站身份的话语建构实质为考察企业网站话语的社会建构功能，考察企业如何有效调用话语资源符号在其网站中进行自我身份建构，同样体现了系统功能语言学的元功能思想，即企业身份话语如何发挥其概念与人际功能，同时关注文化语境的制约性。

（3）话语分析视角

话语分析视角下学者多关注会话互动中的身份研究，涌现出大量相关著作，如 *Identities in Talk*（Antaki＆Widdicombe, 1998）；*Everyday Talk: Building and Reflecting Identities*（Tracy, 2002）；*Discourse and Identity*（De fina et al.; 2006）及 *Discourse and Identity*（Benwell＆Stokoe, 2006）等。Antaki 和 Widdicombe（1998: 2）在其著作 *Identities in Talk* 中将身份视为对"身份类属（membership）"的呈现、归因。这种特定身份类属源于 Sacks（1972）的"成员身份分类"（membership categorization），认为互动参与者在会话互动中被投射到具有某些品质或特征的特定类别，这种身份观"忽视了身份建构的过程，容易陷入以结果代替过程的简单逻辑运算中"（袁周敏，2016：21）。部分学者还对会话互动情景中的身份建构进行了探讨，强调话语情境的重要性，如 Zimmerman（1998）指出身份是"会话互动"（talk-in-interaction）中重要的语境要素，并区分了话语身份（如说话者、听话者）、情境身份（如临时紧急电话呼叫员）及伴随身份（如年龄、性别）；对情境身份的探讨突破了宏观社会语境下将身份视为社会角色的局限，不同情境会对话语身份及相应的话语策略产生影响。Tracy 和 Robles（2013）将"身份工作"（identity work）区分为主要身份（master identity）、交往身份（interactional identity）及个人身份或关系身份（personal/relational identity）三种身份类别，其中主要身份指种族、年龄等相对不变的属性，交往身份强调交际对象扮演的角色，如护士、医生等，而个体身份则强调个体特征、与他人的关系及对事物的态度。上述对身份类型的区分也反映了 Simon（2004）提出的身份的不同"自我维度模式"（Self-aspect Model of Identity），既承认身份的稳定性（stable）、先前存在性（pre-existent），也认可身份具有动态性（dynamic）、涌现性（emergent）及情景性（situated）（Yuan, 2018），初步体现出社会建构主义身份观。Bucholtz 和 Hall（2005: 586）将身份界定为对“自我及他人的‘社会站位’（social positioning）”，指出身份建构是在动态中协商、建构的。从社会文化语言学视角总结出身份研究的五项原则：涌现原则（emergence principle）、站位原则（positioning principle）、指示原则（indexicality principle）、交互原则（relationality principle）及部分原则（partialness principle），其中站位原则、指示原则及交互原则具有一定操作性，能够有效对接身份话语建构中的语言特征分析，被研究者广泛用于分析身份建构中的话语策略（如：PAD research group, 2016）。上述探讨的多为会话交际中的身份，采用“会话分析”（Conversation Analysis）研究互动双方在不同情境中如何通过策略性话语的使用建构身份。

话语分析研究者不仅关注交际互动中的身份类型、凸显身份的具体话语特征，还关注使用这些身份的目的，因此批评话语分析成为身份话语研究的重要理论视角与研究方法。批评话语分析关注语言对社会现实的再现、重构作用。Fairclough（1992）提出的三维分析框架，即文本（text）、话语实践（discourse practice）及社会实践（social practice），其中文本层面关注语言特征及话语策略；话语实践层面关注文本的生产过程，如文本生产的机构及文本受众等；社会实践层面则关注影响文本的社会语境因素。Fairclough（1992）明确提出“话语实践具有社会建构性，有助于对社会身份、社会关系、知识或信仰体现的社会现实进行重构”（p.59），将“身份研究置于以文本为导向的话语分析中心”（p.43），为话语建构的身份研究提供了操作性研究框架，被广泛应用于能反映权力不对称的国家身份、民族身份的话语建构研究。批评话语分析视角下，研究者多从文本出发，关注言语交际者通过情态、语气、及物性等语言手段所传达的身份内容（王雪玉，2013），从而揭示话语系统背后的意识形态与权力意识。Wodak（2001）进一步提出的语篇–历史分析法，关注话语与社会的互构关系，即话语如何反映社会现实，而社会现实又如何影响话语形式。该理论视角主张从主题内容、话语策略及语言特征（Wodak, 2001: 72）三个层面将话语置于社会语境中探究话语对身份的社会建构功能。本研究旨在对比中美企业网站话语对身份的建构功能，结合批评话语分析视角探讨企业话语特征，进而揭示其背后的交际动机、文化语境影响。

（4）语用学视角

传统语用学视角下，身份是言语行为合理有效的重要条件。Searle（1969）的言语行为理论隐含着交际者个体身份对言语行为的重要影响。只有特定身份的人才能通过“I declare the meeting open.”行使这一言语行为（何兆熊，2000）。Brown 和 Levinson（1987）对礼貌策略的分析假定交际双方是理性的，在社会互动中交际双方都会维护“面子”。交际双方之间的社会距离、双方的权势分配以及特定言语行为的强加力度均会影响具体礼貌策略的使用，而交际双方的社会距离与权势关系则是互动参与者社会身份的反映。语用学视角下的身份研究关注言语主体与外部世界互动中的言语行为，一方面将身份视为话语产出前既定的、相对稳定不变的个体属性，另一方面强调身份的话语建构性，即身份是在言语互动中建构与凸显的。

国内学者对语用身份研究也提出了一些具有独创性的思想和理论，陈新仁（2013）教授首次提出“语用身份”这一概念，指出“语用身份”（pragmatic identity/identity in use）是“语境化的、语言使用者有意或无意选择的自我或对方身份，以及说话人或作者在其说话中提及的社会个体或群体的他者身份”（p.27），同时强调身份选择具有目的性甚至修辞性。语用身份是交际者为满足交际需求而策略性激活的在线身份，消解了身份建构的本质主义与建构主义之争（袁周敏，2016），推进了身份从“共建观”到“修辞观”的进一步发展，突出了身份的话语建构性，强调个体或机构在不同语境下构建的“在线身份”（online identity）。在《语用身份：动态选择与话语建构》一文中，陈新仁（2013）对语用身份的特性、动态选择的特点以及不同层面可供选择的话语实践类型进行了归纳、阐述，强调语用身份具有交际依赖性与临时性、动态性和可变性、资源性及主观性和目的性。

何自然（2015）对“语用身份”进一步引申，提出了“语用身份论”，即交际中说话各方对身份的自我选择或设定。根据不同场合及人际关系，说话人或机构从多重身份中选择一种身份或角色，做到“什么山上唱什么歌”，兼顾身份的“共建性”及“修辞性”。此外，学者们还对语用身份研究的路径与方法进行了归纳（陈新仁，2014；李成团、冉永平，2015；蒋庆胜，2019）。李成团、冉永平（2015）归纳了囊括社会建构主义原则、交互原则、站位原则与指示原则的身份构建人际语用学原则，讨论了身份研究涉及的人际关系建构、人际情态表达与人际关系评价等话题。总体而言，在语用学视角下，研究者将身份视为一种语用资源、交际资源，可被调用以满足交际需求，具有目的性及策略性。现有研究对语用身份的探讨仍旧以口语会话交际为主要情境，多探讨个体身份；而对互动性相对较弱的书面语篇中的身份建构探讨较少，对机构、企业语用身份的探讨更少。

2.2.2 身份与话语相关实证研究

以“身份建构”为主题词搜索国内近十年 CSSCI 期刊（2010—2020）共 681 篇，其中主要学科背景为哲学与人文科学，研究对象包括国家身份、民族身份、教师身份、文学作品人物等社会群体身份，而对机构身份、企业身份研究相对较少。大多研究从社会建构视角探讨身份与话语的互构关系；研究情景以互动性较强的口语交际为主，如演讲、争辩会话（如：刘辰、郑玉琪，2016；李成团、冉永平，2017）；课堂教学（郭奕彤、江颖，2020）中的身份构建；研究方法多采用批评话语分析、叙事分析、会话分析等定性分析方法。书面语篇中的身份研究较少，涉及学术语篇中作者身份（杨林秀，2015）、网络交际语境中网店店主身份（何荷、陈新仁，2015）、广告语篇中广告主身份（王雪玉，2013；2015）及媒介话语中的少数民族区域身份（乌楠、张敬源，2018）等。学者们从文本分析着手，探讨语言特征、话语策略所反映的不同身份类型。

国外学者对身份研究的体裁相对丰富，除了传统的会话交际、学术语篇、文学作品之外，还涉及电子邮件、学术网页、Facebook、Micro-blog 等“计算机媒介语篇”（Computer-mediated discourse）中的身份研究。研究主体相对较为丰富，涉及教师身份、民族身份、国家身份、城市身份、性别身份、学术身份及社交媒体中的个体身份（如：Li＆Ran, 2016；Jinyoung＆Parpart, 2018；Luzón, 2018）。较之国内学者，国际学者对机构身份、企业身份关注较多，包括从管理实践视角探讨企业身份管理（如：Balmer＆Soenen, 1999；Bravo et al., 2012a; 2012b; 2013）；从语言学视角探讨特定商务体裁或新媒体平台中企业身份的话语建构，如企业社会责任报告（Fuoli, 2018）、领导人致辞（Hyland, 1998）等，以及企业官方网站（如：Coupland＆Brown, 2004；Hyland, 2012；PAD research group, 2016）、企业社交媒体（Feng＆Wu, 2016）等。

身份与话语相关实证研究主要探讨两者间的互构关系，体现在不同层面，如语篇主题、词汇选择、语用策略、文体风格、话轮转换、语音语调等。下文对现有身份研究中的重要话语策略进行系统回顾，主要从主题内容、语篇语用、语体及词汇特征等不同层面进行梳理。

2.2.2.1 主题内容层面的话语策略与身份研究

话语交际中选择性突出的主题内容是身份话语建构的重要策略。研究者往往对语篇内容突出的主题进行总结梳理，进而对不同主题建构下的身份类型及选择动机进行批判性阐释。Atakan-Dumana 和 Ozdora-Aksakb（2014）对 8 家土耳其银行网站进行主题内容分析，研究发现企业并非通过突出其经济竞争性获取企业合法性身份，而是通过“非经济性的社会关怀”（non-economic social concern），如可持续性，建构其合法性身份。陈建平（2016，2017）采用批评话语分析对比中外大学简介中突出的主题差异，研究发现中英美三国大学在社会责任、知识传授及个性发展主题维度上侧重不同，进而建构不同身份类型。邹煜等（2020）借助语料库工具 Antconc 对政务微博话语中的高频词、主题词搭配进行分析发现其突出的主要内容包括解读国家方针政策类政务信息与生活服务类信息。其中，中央机构政务微博话语突出的主题内容较为宏观，省级与城市政务微博话语主题则更为贴近人民生活，通过突出相关主题建构服务型政府形象。

2.2.2.2　语篇语用层面的话语策略与身份研究

就语篇层面的话语策略而言，现有研究者主要关注互文策略、元话语策略等。互文策略是书面语篇中身份研究的重要关注点，受到了国内外学者的广泛关注。辛斌（2000）指出互文性是语篇的基本特征。近来国内不少学者开始关注商务语篇中的互文策略与身份建构的关系，如王雪玉（2015）指出广告语篇中的体裁互文策略是广告主理性身份建构的重要方法之一。乌楠（2019）以中国企业英文年报语篇为例，探讨了话语形式层面、话语体系层面及语用层面的互文性对企业身份的建构功能。邓鹂鸣、周韵（2020）以企业社会责任报告为例，观察了文本互文、语图互文及体裁互文三种互文形式如何帮助企业建构其语用身份。互文性策略是批评话语分析中的重要研究视点，有助于加深对身份建构的理解（Fairclough, 1992），并揭示身份话语背后的交际动机。元话语是书面语篇中身份话语研究的另一关注点，研究者主要关注文本作者如何通过使用元话语资源与读者进行关系互动，尤其对学术语篇中作者身份建构探讨较多（例如：高芸, 2018）。同时，部分研究者也关注到商务语篇中元话语资源对塑造形象与建构关系身份的重要性，如 Hyland（1998）探讨了股东致信中元话语资源对塑造企业积极形象的重要作用，研究发现文本元话语对实现理性诉求具有重要作用，引导读者理解语篇命题内容、更加信赖和认可语篇信息内容；而态度标记语、模糊限制语、情态动词等人际元话语有助于增强劝说性话语的情感诉求。胡春雨、李旭妍（2018）对比了腾讯与亚马逊年报中股东致信中的元话语资源，研究发现腾讯使用的文本交互型元话语多于亚马逊，更多地依赖理性诉求，相对缺乏情感诉求。上述研究证实了元话语资源能够增强语篇的劝说功能。然而，研究中尽管均提到了元话语资源使用对企业形象及身份建构的影响，但上述研究的关注重点在于企业话语特征本身。

语用层面，研究者多从言语行为方面探求语用身份的建构，如 Li 和 Ran（2016）研究了争辩话语中如何通过各类言语行为解构他者身份，进而建构自我身份；Dayter（2016）探究了社交媒体平台中学生群体如何通过自我褒奖（Self-praise）、第三方抱怨（Third-party complaint）及讲故事（Storytelling）三种言语行为积极建构自我身份；Yuan（2018）探讨了中国大学生在微博平台中进行网络身份建构的言语行为。研究者往往根据研究语料及研究对象的特点探讨特定语用策略对身份的建构功能。

2.2.2.3 语言特征表现与身份研究

语言特征层面，研究者主要关注称呼语等微观词汇特征，其中称呼语是身份最直接、最外显的表征方式（陈新仁，2013b）。言语主体间的关系亲密度、地位高低差异会影响个体的指称语使用，同时不同的自我指称及他者指称方式也能够反映话语主体间的关系与权力距离（Tracy & Robles, 2013）。针对不同的沟通对象，日常会话中的言说主体会根据不同话语情境策略性地使用称呼语，如使用绰号（nickname）、姓氏（first name）、全名、头衔加姓氏及指称代词等（袁周敏，2011a）。Bucholtz 和 Hall（2005）提出的身份五原则之一为指示原则（indexicality principle），即语言交际中，会话者直接或间接地进行自我指示，凸显其群体归属或群体趋异，与此处身份建构的指称策略具有异曲同工之妙。袁周敏（2011a）讨论了称呼语的元语用功能，指出称呼语分为自称和他称，自称反映个人身份的独特性，说话主体会根据交际语境与交际需求使用自称语，并引导听话人对自我身份进行解读；他称则通过人际互动或群体角色定位建构交际主体间的人际关系，或建构其机构身份（institutional identity）和专业身份（professional identity）。称呼语是虚拟交际情境中人们建立和保持人际关系不可或缺的（Oliveira, 2013），是关系身份建构的重要策略。相关实证研究主要探讨了学术语篇、口语会话中称呼语的身份建构功能，如学术语篇中作者身份与自我指称语（王月丽、徐宏亮，2019；娄宝翠、王莉，2020）；商务会话中人称代词、自称及他称对专家身份的建构功能（袁周敏，2020）；争辩话语中的自我指示（李成团、冉永平，2017）；网络店主称呼语的使用与关系身份建构（何荷、陈新仁，2015）。人称代词的身份建构功能并非体现在代词本身，而是具体体现在“代词所引导的话语使得其能够指示说话人的身份类别，从而建构某种语用身份”（袁周敏，2020：22）上。

指称词及其他词汇特征能够反映沟通中的交际风格，进而建构交际主体试图突出的身份类型，如 Liu 和 Wu（2015）对比中美能源企业身份话语中的词汇特征发现，中国企业倾向于采用客观的、正式的、非人际性的（impersonal）交际风格，而美国企业则更多采用人称代词，进行非正式的、人际性的（personal）交际沟通。

2.2.3　研究小结

上文首先对身份、企业身份、企业网站、企业话语等相关概念进行了界定，Simon（2004）从社会心理学视角提出的“自我维度模式”（Self-aspect Model of Identity）对本研究提出的综合的企业身份概念具有理论指导意义。本研究探讨的企业网站身份具有多元性与话语策略性，表现为企业网站话语不同层面的话语策略与企业身份间的互构关系。

（1）身份与话语互构研究的理论视角

上文回顾发现社会语言学、系统功能语言学、话语分析及语用学等不同理论视角均关注到身份与话语的互构关系，就 Tracy 和 Robles（2013）归纳的身份与话语研究的两大视角，即修辞视角与文化视角而言，话语分析及语用学视角下的身份研究偏向修辞视角，侧重分析话语使用的策略性对身份的建构与塑造，而社会语言学视角则更关注社会角色特征对话语使用的制约，更偏向文化视角。修辞视角与文化视角相互补充，缺一不可。书面语篇中的身份研究同样涉及身份话语的修辞性选择及文化语境对文本话语表现的制约性。Tracy 和 Robles（2013）在文中主要借用了 Fitch（1998）提出的文化概念，认为文化是塑造人们日常互动实践的隐形符号资源体系，同一“言语社区”（speech communities）中成员的沟通方式存在共性。此处的文化主要指交际情境，如交际主体的国籍、年龄等社会身份特征，更强调同一社区中的规则、概念、价值倾向及身份地位和社会关系，范围相对局限。文化还具有更宽泛的内涵，存在于“不同社区/群之间因特定历史形成的相互联系和关系中”（施旭，2013：20），如东方文化与西方文化。有必要探讨更为宽泛的文化内涵对日常会话之外的交际中身份建构的影响，如中西方文化差异对商务交际中身份建构的影响。

本研究将结合修辞视角与文化视角，一方面从语言特征着手，探讨交际主体使用的话语策略，进而揭示其背后的交际动机及建构的身份类型，强调身份的策略性与修辞性；另一方面，关注不同文化语境对企业身份话语的影响。话语分析视角下的身份研究，尤其是批评话语分析对本研究提出具体分析框架具有重要指导意义；语用学视角下的身份研究为后续探讨企业网站话语在不同层面的身份建构策略提供了重要理论支撑。整个研究遵循社会建构身份观，关注不同话语层面企业网站身份的建构策略。

（2）国内外身份相关实证研究

上文重点回顾了语言学领域中身份的话语建构研究，发现目前身份研究体裁主要集中于会话交际、课堂教学、演讲等口语语篇，而对除学术语篇外的书面语篇中的身份研究相对较少。身份的话语建构研究主要探讨语言与身份主体的相互作用，身份主体既可能是口语交际中的互动双方，也可能是书面语篇中的交际主体。除口语交际中的身份研究外，书面语篇也是文本生产者与读者互动、协商的结果。袁周敏（2011b：80）指出“话语生产者无论在其口头或者书面语篇中都会表达其态度和立场，通过语言的、非语言的资源对其在语篇中的身份进行定位”。传统上认为独白的体裁，本质上也是与他人的交际（Bucholtz＆Hall, 2010），相应的文本内容、图片和符号等模态选择都能体现身份建构、选择协商的过程（Hyland, 2012）。同时，“计算机媒介语篇”（Computer-mediated discourse）拓展了身份研究领域及研究范式（Zhao et al., 2008；Luzón, 2018），部分学者还关注了网站中图片、视频、超链接等非语言符号对身份的协商建构，但数量较少，多以单个案例研究为主。

现有身份研究多聚焦于个体身份建构，对机构（企业）身份研究相对较少，同时大多数研究探讨单一文化语境中的身份建构问题，缺少对不同文化语境下企业身份话语建构的对比研究。相关实证研究对身份话语建构中涉及的话语策略进行了不同层面的探索，但身份作为一种社会认知构念，不同交际情境（口语交际或书面交际）、目标受众、交际目的等均会影响具体话语特征。尽管不存在穷尽的、清单式话语策略列表（Koller, 2012），或者普适的话语策略，但上述身份与话语相关的实证研究为本研究探讨企业身份话语策略提供了重要参考。本研究将结合现有研究成果、企业网站身份话语特点及研究目的，提出针对各层面话语特征的观测维度。

2.3　机构（企业）身份的话语建构研究

国内针对企业身份的研究集中于管理学领域，主要从管理实践视角探讨企业身份要素，而语言学领域学者对机构（企业）身份的研究尚处于起步阶段，而企业话语作为身份建构的重要媒介，具有重要的社会建构功能。本节将首先回顾语言学领域中机构（企业）身份话语的研究体裁；随后梳理目前企业话语特征与话语策略的相关实证研究，其中话语策略与身份的互构研究回顾将依循 2.2.2 身份与话语相关实证研究的梳理路线，分别从主题内容层面、语篇语用层面及语言特征层面展开；最后，本节将总结现有机构（企业）身份话语研究的框架与方法。

2.3.1　企业身份话语研究体裁

国内学者对机构身份的话语建构研究比较有限，涉及大学机构身份（如陈建平，2016；2017）、政府外宣话语中的关系身份（柴改英、韩骅，2017）、企业年报及企业社会责任报告话语中的企业身份（乌楠、张敬源，2019；邓鹂鸣、周韵，2020）等，但相关研究尚处于起步阶段；研究体裁涉及学校简介、政府网站、企业年报及企业社会责任报告等。国内学者对企业身份话语研究关注甚少。

相对而言，国外学者针对企业身份话语的研究起步更早、范畴更广，研究多通过分析具体的语法词汇、语用策略从而揭示企业如何建构自我身份，研究体裁论及企业年报（Dhanani, 2019）、企业社会责任报告（Fuoli, 2012；2018）、企业概况（Pollach, 2005；Giannoni, 2018）及企业使命宣言（Spear, 2017）等多种商务体裁，如 Fuoli（2018）采用基于语料库的话语分析对比企业社会责任报告与企业年报中采取的立场策略（stance strategy），揭示企业如何建构值得信赖的、负责任的企业身份。Dhanani（2019）则从批评话语分析视角，研究非政府组织在年报中采用图片等多模态话语对企业身份的建构。除了传统商务体裁之外，互联网、新媒体平台的发展为企业传播提供了重要平台，学界及业界均意识到新媒体平台对企业对外沟通、身份建构的有效性（Gharbi & Al-Tamimi, 2020）。

企业网站作为企业重要的营销、宣传工具，更多受到传播学领域学者关注，现有研究多从公共关系、营销学视角探讨网站信息内容、设计特征（如：Kent & Taylor, 1998；蒋晶等，2011；Singh & Matsuo, 2004），相对忽略了企业网站话语对企业身份的策略性建构。Breeze（2013：26）强调企业网站话语是针对普通受众的话语实践，发挥信息传播（information）、促销宣传（promotion）及合法化（legitimation）功能，是企业营销、宣传自我的重要平台。部分国际学者开始关注企业网站、社交媒体平台中身份的建构研究（Men & Tsai, 2012；Park et al., 2013；PAD research group, 2016；Feng, 2017），如 PAD research group（2016）从话语建构视角定性分析英国企业 *innocent* 官方网站中的文本及多模态话语对企业网站身份的建构，强调应将网站中的视觉元素、互动要素、沟通渠道等不同模态纳入身份研究的系统性框架。然而，国内学者对企业网站身份的关注较少，因此本研究将探讨中美企业网站平台中身份的话语建构。

Balmer（2001）指出企业身份主要回答以下四个问题："你是谁（who you are）""你做什么（what you do）""你如何做（how you do it）"及"你的发展方向（where you want to go）"，而企业概况能够有效回答上述问题，是对企业身份最直观的话语建构，成为国际学者研究企业身份的常用素材（例如：

Pollach, 2005；PAD research group, 2016）。例如，Pollach（2005）对企业概况中“呈现自我”（self-presentation）的话语策略进行了探讨，强调企业倾向于借助人格诉诸、逻辑诉诸及情感诉诸等劝说手段突出企业值得信赖的身份类型，且多使用第二人称代词拉近与读者间的距离。近年来，国内学者对企业概况也逐渐予以关注，但研究多集中于翻译领域（例如：卢晶晶，2019），尚缺乏从企业身份话语视角对这一体裁的探讨，因此，本研究将着重探讨企业概况这一建构企业身份最为直观的商务体裁。

2.3.2　企业话语特征研究

机构话语研究主要关注话语与文化、话语与权力及话语与身份等方面的关系（孙咏梅、徐浩，2013）。作为重要的机构话语，企业话语同样关注话语与机构间的互动关系，关注企业话语的社会建构功能。企业话语以多种商务体裁形式呈现，如企业社会责任报告、企业年报、商务合同、企业概况等，其不同层面的语言特征吸引了研究者的关注，如词汇 – 语法、语义词性分布、语篇互文性、体裁特征、修辞结构关系等（例如：Cornut et al., 2012；王立非、文道荣，2017；王立非、部寒，2019；乌楠，2019；Yu & Bondi, 2019）。企业话语特征研究对了解商务体裁特征具有重要意义，不同的词汇语法、修辞结构等话语特征是身份协商、建构的重要话语实现形式。

研究者还关注到文化语境对话语特征的重要影响，部分国内学者对中国企业外宣话语与国外企业（尤其是美国企业）话语特征进行了对比研究，分别探讨了两国企业话语中隐喻使用（Sun & Jiang, 2014）、情感倾向（王立非、部寒，2017）、多维功能特征（王立非、部寒，2018）、互文性（王立非、李炤坤，2018；乌楠、张敬源，2019）、元话语（胡春雨、李旭妍，2018）、语篇结构关系（王立非、部寒，2019）等词汇、语义及语篇层面的话语特征与策略使用差异，加深了我们对企业话语的文化语境影响的理解。王立非、部寒（2017）对比了中美企业年报文本的情感倾向特征，研究发现我国企业年报倾向于积极评价企业活动与企业能力，较之西方企业更加含蓄、委婉；而美国企业偏向于企业业绩评价，表现出更强的积极情感评价倾向与印象管理行为。王立非、部寒（2018）考察了中美企业年报的多维功能特征，研究发现中国企业年报中的话语信息性、叙述性和指称明晰性更强，而交互性和劝说性较弱。胡春雨、李旭妍（2018）对比了腾讯和亚马逊两家企业股东致信中的元话语策略，研究发现腾讯使用的文本交互型元话语多于亚马逊，更多地依赖理性诉求，缺乏情感诉求。极少量学者关注到不同语境下企业网站话语的差异性，但多从翻译视角出发（例如：卢小军，2012；卢晶晶，2019；王琦，2019），探讨了中国企业网站外宣话语的翻译策略和质量等。上述研究证实了中美企业话语特征存在差异，但并未结合相关理论对潜在的文化语境影响进行阐释与探讨。严格意义上讲，上述研究属于不同文化语境下企业话语的比较研究，而非跨文化研究。

企业话语是企业与公众的互动实践（Breeze, 2013），企业话语研究往往并非停留于话语特征，话语特征与策略分析并非研究者的最终落脚点。任何语言特征分析最终应服务于交际目的的剖析，探讨话语背后的交际动机，研究者往往需结合实际交际需求进一步探求企业话语的语用策略，从而更加全面地理解企业话语背后的沟通动机与文化语境影响。

2.3.3 企业身份话语建构策略研究

针对企业身份的建构策略研究受到管理学、营销学及语言学等多学科领域学者的关注。早在 20 世纪 90 年代，国际学者就开展了企业身份研究，但多集中于管理学及营销学领域，主要关注企业身份要素的构成及身份要素的管理实践。国外管理学、营销学及传播学领域学者对企业身份概念的内涵进行了大量理论探索（Balmer, 2017），探究企业身份建构具体体现在哪些方面，包含哪些身份要素。尽管学者们对企业身份要素构成的意见不一，但大多数学者均认可企业身份包含六个要素维度：视觉身份、企业沟通、企业行为、企业文化、企业策略和组织架构（Bravo et al., 2013）。管理学领域从管理实践的视角对企业身份要素构成进行内涵界定。针对身份要素的探讨有助于了解企业身份的宏观表现形式，但无法了解企业身份建构的话语策略，本研究探讨的企业网站身份建构实质是企业网站中文本、图片等丰富的话语实践产物，是身份与话语互构协商的结果，需要综合现有语言学领域对企业身份话语的相关研究成果。

语言学领域的学者从更为微观的身份话语建构视角出发，探讨企业话语在各话语层面如何对企业身份进行策略性建构，进而剖析其交际动机及试图建构的身份类型。企业话语不仅旨在传播信息，还发挥重要的交际功能，如通过策略性传播企业文化、价值观、愿景（vision）等积极建构企业身份，从而赢得受众信任（van Riel＆Fombrun, 2007；Breeze, 2013）。研究者往往从企业话语特征的研究进一步拓展到企业话语策略，进而揭示企业话语背后的企业动机及意识形态，探讨企业如何通过对话语主题、话语沟通方式的策略性选择实现其特定的交际功能。研究企业话语策略是了解企业沟通动机的必要前提。现有研究开始关注企业话语建构的多元身份类型，不再局限于宽泛的社会分类范畴，而更为关注话语协商建构的企业价值体系，如突出企业“负责任的”“有竞争力的”“道德的”等自我品质。

研究者对企业话语策略的研究视角较广，表 2.1 总结梳理了与本文研究话题相关的代表性文献，如探讨机构（企业）形象塑造、身份建构、公众关系维护等。

表 2.1　企业身份话语策略研究代表性文献

文献作者	研究语料	话语策略	话语功能
Hyland（1998）	致股东信	元话语策略	公众关系
Pollach（2005）	企业概况	语篇功能、概念功能（事实性、言据性）、人际功能（表达态度、建立关系）	企业形象
王雪玉（2012）	商业广告	元话语策略	广告主身份
Tao 和 Wilson（2015）	企业社交媒体话语	企业沟通策略：企业能力策略、企业社会责任策略	企业沟通
何荷、陈新仁（2015）	C2C 网站互动话语	称呼语策略	网店店主关系身份

续表

文献作者	研究语料	话语策略	话语功能
王雪玉（2015）	商业广告	言据策略、评价策略；体裁互文策略；口语化策略、指称策略、言语行为策略、自谦策略；语言模态与副语言模态的互动策略	广告主身份
Liu 和 Wu（2015）	企业简介、CSR	沟通策略、沟通风格、诉求手段	企业身份
Cheng（2016）	网站首页	词汇语法；视觉语法	品牌身份
Feng（2017）	企业微博话语	印象管理策略：人格化及流行化、礼貌及面子策略、劝说策略	企业身份
Giannoni（2018）	学校、企业简介	价值主张，话语主题	机构身份市场化
Fuoli（2018）	CSR、年报	立场策略	企业身份
Dhanani（2019）	企业年报	图片策略	机构身份
乌楠（2019）	企业年报	互文性策略	企业身份
乌楠、张敬源（2019）	企业年报	指称策略、述谓策略、视角化策略、增强/削弱策略	企业身份
胡开宝、盛丹丹（2020）	可持续发展报告	高频动词、名词、关键词及情态动词	企业形象
史兴松、程霞（2021）	企业概况	主题语义域、沟通策略、高频词、动词	企业身份

就身份的广义内涵而言，这些话题均属企业身份研究范畴。现有文献探讨的企业身份话语策略关注多个层面，涉及话语主题内容层面（Atakan-Dumana＆Ozdora-Aksakb, 2014；陈建平，2016；2017）；语篇语用层面如元话语策略（Hyland, 1998；王雪玉，2012；胡春雨、李旭妍，2018）、互文性策略（Bhatia, 2010；乌楠，2019）、沟通策略（Tao＆Wilson, 2015；王雪玉，2015）、沟通风格（Liu＆Wu, 2015；Ngai＆Singh, 2017）、言语行为（李朝渊、吴东英，2016）及词汇语法特征层面如词汇语法（Giannoni, 2018）、称呼语（何荷、陈新仁，2015）、高频动词（胡开宝、盛丹丹，2020）等不同层面。

下文主要从话语主题内容层面、语篇语用层面及词汇语法特征层面进行系统梳理。

2.3.3.1　话语主题内容策略与企业身份研究

主题内容层面，语言学领域的学者尝试对各商务体裁进行主题分析，总结其突出的主题内容及相应建构的身份类型。Liu 和 Wu（2015）借助语料库工具 Wmatrix 对中美能源企业网站话语进行主题语义域分析发现，两国企业突出的话语主题既呈现出全球化的共性，如呈现企业经营活动、员工关怀及环境保护等共同主题，同样也呈现出本土化的主题特性。Feng 和 Wu（2016）对中国银行与招商银行的微博话语进行了主题分析，进而对比两家企业通过凸显主题内容倾向建构的身份类型，研究发现两家企业微博话语建构了多元的企业身份类型，但中国银行更倾向于建构其“权威金融专家身份”，而招商银行则更为重视突出“同伴身份”。史兴松、程霞（2021）借助语料库工具对中美银行企业概况进行主题语义域分析，对比两国企业话语突出的主题差异及试图建构的身份类型，研究发现中国企业倾向于凸显企业发展历程、行业排名及组织架构等主题，而美国企业倾向于强调员工关怀、社区服务及环境保护等主题，中企倾向于建构其“行业领导者”身份，而美企则重视建构企业作为“社会贡献者”的身份。除了上述研究探讨的文本话语主题内容分析外，图片话语主题也是当前网站、社交媒体平台中机构（企业）身份研究的重要关注点，研究者通过对图片进行多模态话语分析，对图片主题进行归纳分类，进而探讨图片话语塑造的机构（企业）形象（例如：Suen, 2009；Cheng, 2016）。Cheng（2016）采用基于语料库的话语分析与视觉语法分析分别对两个连锁酒店网站首页文本话语与图片主题进行了探讨，研究发现酒店网站首页通过不同文本内容与图片主题来建构其独特身份类型，如两家企业网站图片凸显休闲活动、设施、浪漫活动、酒店建筑和室内设计及自然风光等不同主题建构其独特身份。

上述研究证实了商务语篇突出的话语主题是企业主动策略性选择的结

果，是企业身份建构的重要话语策略，能够反映企业试图突出的自我维度，如“有竞争力的”“环保的”“值得信赖的”等自我品质。本研究将参照现有研究对中美企业网站中的文本、图片的话语主题进行分析，探讨两国企业话语在主题内容层面对企业身份的建构策略及各自突出的身份类型。

2.3.3.2 语篇语用策略与企业身份研究

企业话语在语篇语用层面的话语特征对建构企业与公众的关系身份至关重要，常表现为沟通策略、言语行为策略、互文策略等。近来，不少学者关注社交媒体平台中企业－公众关系身份的话语性建构，常结合社交媒体话语特征、沟通策略及言语行为策略来探讨企业身份。如 Tao 和 Wilson（2015）指出，企业社交媒体话语多采用企业能力沟通策略与企业社会责任沟通策略，突出企业良好形象。李朝渊、吴东英（2016）探讨了跨国企业社交媒体话语中的关系言语行为策略，指出企业主要通过信息披露（包括对企业历史发展及价值观的披露）、成就分享（包括产品分享、企业活动及客户体验）及与公众日常互动（包括表达类、分享类及指示类）三种关系言语行为，并结合表情符号、话题符号、转发等语言符号特征顺应新媒体平台话语习惯，实现与公众的积极互动。Feng（2017）研究了国内银行微博推文中的言语行为策略与身份建构，研究发现，国内银行微博推文中使用了“扮可爱、问候、礼貌和面子、表达感谢”等言语行为策略，建构了动态多元的企业身份类型包括真实身份、同伴身份、专家身份、新闻播报者身份等。Li 和 Wu（2018）对比了全球性品牌企业在 X 与微博的推文话语，发现企业采用的言语行为呈现出一定的相似性，均使用问候类、指导类、表达类、分享类及转发类等言语行为建立、维护公众关系。

此外，广告、企业年报、企业社会责任报告等传统商务体裁中的身份话语建构也受到学者关注，如乌楠、张敬源（2019）探究了中美企业年报中企业身份的话语建构策略，具体表现在指称策略、述谓策略、视角化策略及增强/削弱策略方面的异同；邓鹂鸣、周韵（2020）对比了中外企业社会责任报告中的互文策略，即企业如何策略性挪用符号资源建构其多重动态语用身份，研究发现两国企业借助“文本互文、语图互文及篇际互文”建构的语用身份存在共性，均突出“管理规范、多方参与、值得信任及可持续发展的先锋模范企业身份”（p.63）；同时也存在特性，中国企业南方电网塑造了拥党爱国的大型国企身份，而意大利国家电力公司则倾向于建构全球领先的跨国企业形象。

除了互动性较强的社交媒体外，企业网站也是企业身份建构的重要平台。现有研究对企业网站中的身份话语建构关注较少，企业—公众关系身份研究主要聚焦于网站设计特征层面，如网站中有无客户回访链接等（Kent & Taylor, 1998；Meza, 2002；Maynard & Tian, 2004；Jiang & Wei, 2013），而对网站中具体话语符号特征关注较少。类似于社交媒体，企业网站话语特征有其独特性，本研究将综合现有研究中探讨的语篇语用策略，并结合企业网站自身话语特征，探究中美企业网站话语在语篇语用层面对企业身份建构的表现异同。

2.3.3.3 词汇语法特征与企业身份研究

词汇语法特征层面离不开主题内容、语篇语用层面话语策略的探讨，三个层面相互关联、相互建构。研究者往往结合企业话语在高频词、指称词、高频动词等词汇层面的话语选择探讨企业策略性选择词汇背后的交际意图及企业试图建构的机构（企业）身份类型（例如：胡开宝、盛丹丹，2020）。研究者往往通过具体词汇或语法特征来分析其对身份的语用建构功能，如柴改英、韩骅（2017）借助语料库 AntConc 对中美政府商务外宣话语中的关键词、索引及搭配进行分析发现，中国地方政府倾向于使用集体名词及表征客观信息的商务类词汇，凸显政府集体身份与信息介绍者身份；而美方政府则多使用表征个体的名词与“提供服务”含义的商务类词汇，建构其作为扶持者的个体身份。胡开宝、盛丹丹（2020）借助语料库工具 WordSmith 对华为公司《可持续发展报告》英译本中高频实词、关键词及情态动词等词汇特征进行了分析，并探讨了其塑造的公司形象。研究发现，华为公司高频使用 develop、build

等施为类动词来塑造积极务实的企业形象；通过关键词分析发现，华为重视突出其环保和可持续发展的形象。此外，评价性词汇也受到研究者的关注（例如：Giannoni, 2018），评价类形容词、副词等能够直观反映言语者的立场态度或企业的自我评价。上述研究证实，相关词汇的选择也是企业建构自我身份与塑造自我形象的重要话语策略。

除上述研究中提到的关键词、指称词、高频动词、评价性形容词等词汇特征外，语法特征也是微观语言特征与身份研究的关注点，Halliday 和 Matthiessen（2004）指出，及物性系统是表达现实世界和内心世界经验的重要意义系统，具体包括物质、行为、心理、言语、关系及存在等六大及物性过程。柴改英、刘佳丽（2019）指出，特殊语法结构的使用能够将说话人对世界的特殊认知与态度前景化，通过对杭州政府外宣话语中的及物性小句分析发现，政府试图凸显"去中心化"的责任者、"直言行为的行动者"及"精神引领者"等形象。本研究在针对词汇语法特征分析时，将综合现有研究成果与企业网站话语特征，选取对中美企业身份建构起关键作用的语言特征进行剖析。

2.3.4 机构（企业）身份话语建构研究方法

关于机构（企业）网站身份话语研究，国际学者关注较多，涉及学校网站，食品企业、酒店及银行等企业网站（例如，Koller, 2007；Saichaie, 2011；Cheng, 2016；Michelson & Álvarez Valencia, 2016；PAD research group, 2016），主要采用批评话语分析、社会符号学分析及多模态话语分析等研究方法定性探讨网站中各话语符号如何协商建构机构（企业）身份。例如，Michelson 和 Álvarez Valencia（2016）借助 Kress（2010）提出的"多模态社会符号学沟通模式"（multimodal social semiotics communication）分析了学校网页如何通过语言、图片及布局等不同社会符号资源对留学项目进行宣传。近年来，国内学者开始关注机构（企业）身份的话语建构策略，陈建平（2016）提出了大学机构身份话语建构策略及模式的分析框架，采用语篇-历史分析法，分别从宏观历史语境、中观身份维度及微观沟通策略三个层面，对分别来自中国、英国、美国的三所大学网站上的学校简介进行了分析论证，探讨了该框架的适用性。陈建平（2017）进一步将微观沟通策略具体化。参考陈建平（2016，2017）的研究，乌楠、张敬源（2019）构建了企业机构身份话语建构分析框架，分别从宏观主题、中观沟通策略及微观语言特征三个层面对比了华为和苹果公司年报话语建构的企业身份。国内学界提出的机构身份、企业身份话语建构策略及模式分析框架为本研究确定研究框架提供了重要参考借鉴，受上述研究启发，本研究将关注中美企业网站话语在不同层面对企业身份的建构策略。

就研究方法而言，现有企业身份话语建构研究或聚焦于特定商务体裁中某一话语策略（如立场化策略、互文性策略）的定性分析（例如：乌楠，2017；Fuoli, 2018；邓鹂鸣、周韵，2020），或以单个企业网站的案例研究为主（例如：Pollach, 2005；Poppi, 2011；Domenec, 2014；Cheng, 2016），尚未形成较为系统、全面的企业网站身份话语研究框架，对企业在网站中身份的话语建构策略进行更为系统的探索。同时，现有研究以定性分析为主，如具体探讨身份话语主题多以研究者人工判别为主，借助语料库工具对企业身份话语建构研究尚且不足。为降低人工识别引起的误差、提升研究效度，针对话语主题内容层面的分析，本研究将借助语料库工具 Wmatrix 对两国企业身份话语进行主题语义域分析，并结合人工判别对两国企业身份话语突出的主题进行探讨。利用 Wmatrix 进行企业身份话语研究具有合理性与适切性，在各类语料库工具中，Wmatrix 突破了简单的关键词词频统计局限，能够识别文本中突出的语义域（semantic domains）（Rayson, 2008）；有助于识别商务话语蕴含的价值倾向及意识形态，如 Breeze（2018）对比了不同行业企业年报评价话语中突出的主题语义域，发现不同行业建构企业形象时凸显的价值倾向存在差异，金融企业突出语义域 S1.2.5［坚韧：强劲的］，塑造企业有活力的、阳刚的（masculine）形象。但目前国内学者主要利用 Wmartix 进行隐喻识别、文本特征及翻译研究（例如：王立非、文道荣，2017；卢晶晶，2019），对企业身份话语探讨较少。鉴于此，本研究将借助 Wmatrix 探讨企业身份话语主题内容层面的话语策略。此外，本研究将针对大规模企业身份话语语料进行分析，其他语料库工具如 Wordsmith、Sketch Engine 也将被用于分析语料信息、词汇搭配等。

2.3.5 研究小结

（1）企业身份话语研究体裁

上文回顾了企业身份话语建构的相关研究发现，现有研究多为国际学者针对企业年报、企业社会责任报告等特定商务体裁中凸显的企业身份进行探讨，但对企业网站中企业概况页这一最直观建构企业身份的商务体裁研究较少。国内语言学领域对企业身份的话语建构研究尚处于起步阶段，对企业网站中的身份话语建构研究更为缺乏。

（2）企业话语特征研究

企业话语特征研究是后续话语策略分析的前提与基础，不乏学者对企业话语特征进行了相关研究，主要关注了合同、企业年报等商务体裁，而对企业网站中的话语特征研究相对较少。不同层面的话语特征为进一步剖析其交际动机与语用功能提供了重要参考。

（3）企业身份话语建构策略研究

现有研究针对不同层面的企业身份话语策略的探讨对本研究提出的企业网站身份话语建构研究的综合分析框架具有重要启示。管理学界从宏观管理实践视角探讨的企业身份要素分类偏向企业网站中的内容分类层面，如企业文化、视觉身份、企业行为等内容呈现较为宽泛，无法体现网站中企业话语的具体表现形式及其身份建构功能，因此企业身份要素表现不在本研究范围之内。

学界对企业身份与话语互构研究的关注逐渐升温，但国内研究尚处于起步阶段。相关实证研究分别从话语主题内容层面、语篇语用层面、词汇语法特征层面探讨了话语策略与身份的互构关系对本研究确定各层面的观测维度具有重要参考价值。现有研究主要存在以下不足：1）现有研究多就单个话语策略进行剖析，如探讨企业社会责任报告中如何使用立场策略建构企业值得信赖的（trustworthy）身份特征（Fuoli, 2018），并未综合考察企业话语如何在各个层面实现对企业身份的建构功能及文化语境的影响；2）各学科视角下对企业身份的研究各自为政，缺乏学科间的对话，企业身份话语建构属于重要的企业沟通实践，企业沟通理论与相关研究能够为企业身份的话语建构研究提供重要参考。因此，本研究尝试综合企业沟通、企业话语等研究成果，更为全面系统地研究企业网站身份的话语建构。

（4）机构（企业）身份建构研究方法

笔者通过上文对企业身份话语研究方法的回顾发现，现有研究仍存在一些不足：1）企业网站身份话语研究多以单个企业的案例研究为主，相对缺乏对大规模语料的定量分析；2）现有研究主要关注文本话语层面的话语策略，而对网站中图片、超链接等其他话语符号的关注尚且不足。现有研究主要以特定商务体裁的定性分析或单一网站的案例分析为主，尚缺乏系统的、可操作性较强的企业网站身份话语建构的综合性研究框架。国内学者基于语篇 – 历史分析法提出的企业身份研究框架对本研究提出更具综合性、操作性更强的分析框架具有重要的借鉴意义。本研究在综合现有企业身份话语研究方法的基础上，将从多视角、多层面更为综合、系统地探索企业网站中如何调用文本、图片等话语符号实现身份的策略性建构。

2.4　文化语境对企业网站沟通的影响研究

企业网站作为企业自我营销的重要平台（PAD research group, 2016），企业网站沟通主要受到传播学领域学者的关注，同时学者们关注到文化语境对企业网站沟通的重要影响。文化语境影响企业披露信息的意愿，进而影响企业的沟通内容与方式（Birth et al., 2008）。本文探讨的企业网站身份话语建构实质也是企业的沟通实践，同样受社会文化语境影响。本节将回顾不同文化语境下企业网站沟通研究与网站身份话语相关研究，为本研究探讨文化语境的影响提供理论与实证支撑。

2.4.1 企业网站沟通跨文化研究

全球化、信息化背景下，网站成为企业国际传播沟通的重要平台，学界针对企业网站进行了大量跨文化沟通比较研究（例如：Maynard＆Tian, 2004；Shi＆Shan, 2019）与跨文化沟通适应研究（例如：Singh＆Matsuo, 2004；Singh＆Baack, 2004；史兴松、单晓晖，2019；Shi＆Xu, 2020）。研究者主要关注企业沟通内容对文化价值观的反映，往往基于 Hofstede（1980）的文化维度理论与 Hall（1976）的高低语境文化理论，采用内容分析法探讨不同文化背景下企业网站内容信息与设计特征对各文化维度的表现差异。例如，Singh＆Matsuo（2004）对比了美国企业与日本企业网站沟通的跨文化差异，梳理出由 6 个文化维度、31 个观测指标组成的文化价值观框架，随后采用内容分析法对各文化维度在两国企业网站中的内容表征进行系统性编码，研究发现，受本国文化影响，两国企业网站内容的呈现方式存在较大差异：处于高语境文化的日本企业网站信息呈现比较间接，沟通强调和谐，多呈现软式推销方式；而处于低语境文化的美国企业网站信息呈现较为直接，强调企业业绩，且多采用强式营销方式。Shi 和 Xu（2020）通过对比中国企业网站、美国企业网站及中企美国网站中内容的呈现方式探讨了中企网站的跨文化适应性，研究发现中企美国网站仍旧呈现出中国文化价值特征。上述研究佐证了文化差异对企业沟通的重要影响。

此外，企业网站中的沟通方式也受到研究者的关注，尤其受到公共关系领域学者的关注（例如：Meza, 2002；蒋晶等，2011；Jiang＆Wei, 2013），研究者往往关注企业网站如何通过网站中的互动性特征实现与受众进行对话式沟通（dialogic communication）。例如，蒋晶等（2011）基于 Kent 和 Taylor（1998）的对话五原则，采用内容分析法对比中美企业网站特征，研究发现美企网站在设计特征方面表现出更强的对话潜力，如导航、超链接与客户回访等。Jiang 和 Wei（2013）从对话沟通视角考察了中美企业网站中企业－公众关系的建立，研究发现，受高权力距离文化影响，中企网站倾向于强调企业与政府间的关系；而美企则突出企业与员工、社区的对话沟通。

2.4.2　企业网站身份跨文化研究

现有企业网站身份跨文化研究主要从以下视角展开：（1）从管理学、传播学视角对比不同文化背景下企业网站中身份要素表征或企业沟通策略的差异（Bravo et al., 2013；蒋晶等，2011），例如，Bravo 等（2013）对比了英国与西班牙银行网站中各身份要素的具体表征差异，并结合 Hofstede（1984）的文化维度理论进行了阐释，研究发现，两国企业网站对企业社会责任（CSR）、企业战略以及企业架构的重视程度均存在显著差异，英国银行较多关注企业社会责任及战略层面的呈现，而西班牙银行则更注重沟通传播层面；但与预期相反，在男性主义较强的文化语境下，英国企业更倾向于塑造视觉身份。（2）从语言学视角出发，探讨不同文化语境中，企业网站中身份建构的话语特征及策略差异，例如，Liu 和 Wu（2015）从全球本土化视角对比分析中美能源企业网站中企业概况、企业社会责任部分对企业道德性身份（ethical identity）的话语建构，研究发现，两国企业沟通方式既呈现出全球化的共性，也呈现出受本国文化影响的个性；中国企业倾向于采用主动性策略（proactive strategy）、人际性较弱的沟通风格，常借助“理性诉诸”（credibility appeals）的修辞策略。（3）部分学者将上述两种视角融合，做企业身份研究的跨学科尝试。Shi 和 Shan（2019）结合 Aaker（1997）的品牌个性理论，借助语料库工具 WordStat 对比中美金融企业网站沟通内容突出的企业品牌个性维度，针对不同个性维度下的语言特征进行定性分析，并结合跨文化相关理论对其差异性进行阐释。尽管该文献探讨的是企业“品牌身份”（brand identity），但按照 Simon 的“自我维度身份模式”，其实质仍旧是企业身份的重要表现。本研究综合传播学领域中的企业网站沟通研究、语言学视角下的身份话语建构研究，对中美企业网站中身份的话语建构进行跨文化研究，对比中美企业网站身份建构使用的话语策略及具体倾向突出的企业身份类型。

2.4.3 研究小结

回顾企业网站沟通相关跨文化研究发现，目前研究多依循跨文化相关理论（如 Hofstede 的文化维度理论、Hall 的高低语境文化理论）中的价值维度制定编码表，随后对网站在不同维度上的内容信息进行编码。上述研究发现加深了我们对企业沟通中文化语境影响的理解，但仍旧存在一些不足之处：上述针对网站的跨文化比较、跨文化适应性研究集中探讨了企业网站在内容表征层面的差异性，相对缺乏对企业网站话语进行跨文化探讨，较难对不同话语层面的沟通策略进行微观探析。企业网站作为企业身份建构的重要平台，从身份的话语建构视角进行的中国企业网站外宣身份研究更为缺乏。虽有部分学者对比了中国企业外宣话语与国外优秀企业话语的差异性，但并未进一步结合相关身份理论深入探讨企业话语特征背后的交际动机，即企业试图建构的身份类型，也未结合相关跨文化理论就话语特征表现差异进行深入的跨文化阐释。

企业网站跨文化沟通研究不仅要关注网站内容呈现、设计特征等方面的差异，而且应重视企业话语的文化差异性（Shi＆Shan, 2019）。企业网站中身份的话语建构作为重要的沟通实践，需要关注不同文化语境下企业话语在不同层面对企业身份的建构策略，进而为提升中国企业外宣身份建构能力提供参考借鉴。本研究在借鉴上述企业网站跨文化沟通、企业网站话语与身份相关研究成果的基础上，从身份的话语建构视角出发，综合多学科理论考察中美不同文化语境下企业网站身份的话语建构策略。

第3章

理论基础与研究框架

身份研究是一个具有跨学科性的复杂课题，仅凭一门学科的理论与研究方法难以对其进行全面阐释（旷战，2017），需要综合多学科、多视角、多方法才能更好地揭示企业网站中的话语资源如何实现对企业身份的建构功能。从上一章文献回顾发现，现有对企业身份的相关研究仍旧以管理学领域中探讨企业身份要素管理实践为主导，国内语言学领域学者对企业身份的话语建构研究尚处于起步阶段，主要聚焦于企业年报、企业社会责任报告等传统商务体裁中话语特征与身份的互构关系，相对缺乏对企业网站身份话语建构研究的综合分析框架。

本研究将企业网站视为一种特殊的体裁，网站话语由文本、图片、超链接等多种符号模态构成。企业网站身份话语建构实则为企业有效调用文本、图片等话语符号进行积极自我宣传、构建并维持与公众关系的话语实践，实现企业话语的社会建构功能。企业身份建构实质是企业与公众沟通互动的话语实践，是企业话语发挥概念功能、人际功能及语篇功能的具体表现。同时，这一话语实践受文化语境的影响和制约，体现在话语主题、网站沟通方式、语用表达及词汇语法等不同话语层面。本研究从社会建构身份观出发，综合语用身份理论、企业沟通理论、批评话语分析等多种理论，并结合网站话语特征建构企业网站身份话语研究框架，并探讨文化语境对中美企业网站身份话语建构的影响。下文将详细介绍本研究的理论基础及研究框架。

3.1 理论基础

3.1.1 语用身份理论

脱离相关身份理论，任何身份研究都会成为无源之水、无本之木（王雪玉，2013）。语用身份理论体现了身份的社会建构主义思想，关注实际语境中话语使用现象与身份的互构、协商关系，并强调语境的重要影响，对本研究探讨跨文化语境下中美企业网站中身份的话语建构具有重要的理论指导意义。“语用身份”概念最早由陈新仁提出，指“语境化的、语言使用者有意或者无意选择的自我或对方的身份，以及说话人或作者在其话语中提及的社会个体或群体的他者身份”（陈新仁，2013：27），是社会身份在特定情境中的具体体现，具有“交际依赖性与临时性、动态性与可变性、资源性以及主观性和目的性”（陈新仁，2013：28-29）的特点。

语用身份观突破了传统的本质身份观，关注身份、话语及语境三者间的动态协商关系，强调身份的资源性、修辞性及交际属性，而非先于交际的、稳定不变的社会属性。语用身份研究能够透过现象看本质，通过洞察特定话语特征及策略揭示文本构建者的交际动机（邓鹂鸣、周韵，2020）。陈新仁（2018）指出语用身份具有五大资源属性：解读资源、施为资源、人际资源、阐释资源及评价资源，其中前三种属于参与者视角，后两种则属于分析者视角。依循身份的五大资源性，蒋庆胜（2019）总结了语用身份研究的五种路径。本研究从分析者视角将身份视为阐释资源，依循第四条路径，“将交际者选择、构建的（语用）身份视为阐释资源”（蒋庆胜，2019：61），探讨不同话语特征意图建构的企业身份类型，并结合文化语境的影响阐释特定话语特征的形成原因。

语用身份是特定语境中言语交际者根据交际需求，动态协商的结果，进而影响其话语选择、凸显特定身份类型；最终实现一定的交际效果，满足交际需求（如图 3.1 所示）。语用身份研究主要关注实际语境中的语言现象，本研究探讨的中国企业英文网站中的身份话语建构与美企官方网站中的企业身份话语建构均是企业基于交际需求，策略性地选择网站话语资源，突出建构特定语用身份的话语实践过程；这是一种受文化语境影响，且具有“高度意识性”的语用身份选择过程。依循图 3.1 所示的语用身份动态选择过程，本研究主要关注企业网站话语呈现的具体话语选择以及试图建构的身份类型，并探讨文化语境对这一话语实践过程的影响；但企业选择的语用身份是否有效需要结合受众视角来考察，本研究不做分析。

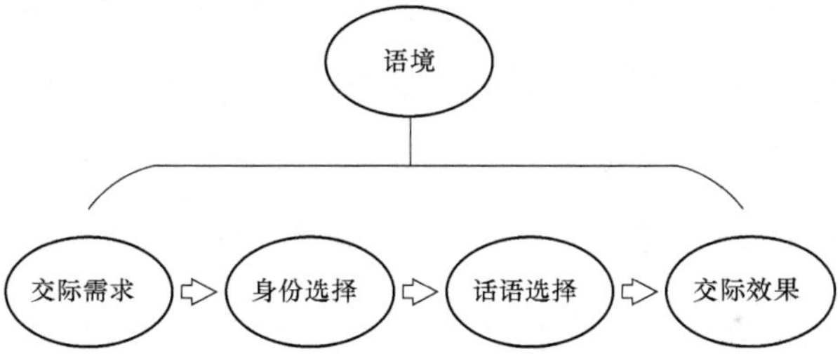

图 3.1　语用身份的动态选择（来源：陈新仁，2013，p30）

针对图 3.1 中语用身份建构的话语选择（即话语策略），陈新仁（2013）拓展和修正了 Tracy（2002）总结的话语实践，归纳了 11 种与身份相关的话语实践[①]类型，涉及不同的话语层面，包括语码选择、语体选择、语篇特征、话语内容、话语方式、言语行为、称呼语、语法选择、词汇选择、语音特征及副语言特征等。尽管上述归纳的话语策略主要基于口语交际中的身份研究，但为本文探讨企业网站身份的话语建构策略提供了重要参考，如话语内容、话语方式、言语行为、称呼语及词汇语法选择等同样适用于企业网站话语对企业身份的建构。本研究将结合网站话语特征，并参照 Tracy（2002）及陈新仁（2013）归纳的相关话语策略，对比中美企业网站身份话语建构策略及两国企业试图建构的企业身份类型。

① Tracy (2002)及陈新仁（2013）提及的“话语实践”与本研究探讨的话语策略含义相同。

3.1.2 企业沟通理论

企业身份话语建构同样是企业与受众间的互动沟通实践，企业通过网站文本、图片、超链接等话语符号向受众传达企业历史、文化价值观、企业社会责任活动及产品服务等信息，建立、维护与受众的关系，从而塑造企业良好形象。企业网站身份话语建构是企业有效沟通的产物，体现在恰当的沟通内容与沟通方式上。企业沟通理论能够为探讨企业网站中的身份话语建构提供重要参考。公共关系领域与管理学领域的学者针对企业沟通内容与沟通形式提出了相关沟通理论，这些理论能够为探讨不同话语层面的企业网站身份的话语建构策略提供有益补充。就沟通内容而言，van Riel 和 Fombrun（2007：154）提出了企业叙事 AAA 模式，即能力（Ability）、活动（Activity）及成就（Accomplishment）。其中能力主要指企业获得成功的核心竞争力，表现为企业优势或其行业地位等；活动包括企业的经营活动、社会服务活动等；企业成就主要指客户满意度、市场份额、员工士气、投资回报及企业声誉等。类似地，Kim 和 Rader（2010）将企业网站沟通策略分为企业能力策略（Corporate Ability Strategy）、企业社会责任策略（Corporate Social Responsibility Strategy）及混合策略（Hybrid Strategy）。企业能力策略重在展示产品服务、企业发展、企业规模、风险管控能力等，旨在增强受众对企业实力与专业性（expertise）的理性认知；而企业社会责任策略则以关怀员工、保护环境、服务社区等企业社会责任为主，有助于激发受众对企业履行社会责任的情感信赖；混合策略则表示企业既重视呈现企业能力，也重视企业社会责任的沟通策略。

就沟通方式而言，Grunig 和 Hunt（1984）将企业与公众的沟通模式概括为：（1）新闻播报式（press agentry/publicity）；（2）公共信息式（public information）；（3）双向不对称沟通模式（two-way asymmetrical）；（4）双向对称沟通模式（two-way symmetrical），其中前两种沟通属单向沟通（one-way communication）；新闻播报式沟通主要以吸引媒体关注为目的，以企业单向传播信息为主；公共信息式沟通发挥新闻播报者角色（journalist-in-residence role），向受众传播准确的企业信息，实践操作中主要以正面积极的信息为主；双向沟通则表示企业充分考虑了受众意见，权衡企业与受众间利益而进行的沟通实践。双向对称沟通模式是最理想的沟通方式，能够鼓励受众参与，促进双方的理解与合作，从而建立企业与受众间的对话。企业网站为实现这一对话式沟通提供了可能。Kent 和 Taylor（1998）进一步提出了对话沟通（dialogic communication），并基于企业网站提出了对话五原则，即对话环（Dialogic loop）、信息有用性（Usefulness of Information）、促进回访（Generation of Return Visits）、访问便捷（Ease of the Interface）及留存访问（Conservation of Visitors），其中对话环指企业能够获得公众反馈，并给予回应；信息有用性强调企业网站应根据受众的需求、兴趣提供信息；促进回访指网站中呈现能够吸引受众再次访问网站的内容，如 FAQ，在线答疑专栏（online question and answer section）；访问便捷指网站中内容组织合理且有层次性，便于访问者非常便捷地找到相关信息，如搜索栏、导航地图等；留存访问是指网站能够吸引访问者尽可能长时间地浏览网页。上述针对沟通方式的对话理论倾向于从网站界面设计特征层面考虑。然而，对话式沟通还体现在语言特征层面，Morris（1994: 247）在解读巴赫金的对话理论时指出，话语存在独白型话语与对话型话语之分。独白型话语往往否认话语的对话性，将自身表述为结论性和权威性话语；而对话型话语则表现出发话人与听者的平等地位，激发听者参与对话，呈现其意义表达的开放性。话语对话性程度能够反映言语主体对交际过程的认知态度，从而决定其具体词汇语、语法等选择（Morris, 1994）。企业话语中的语言特征同样能够体现出企业话语的对话性，如指称词、句式风格等。Liu 和 Wu（2015）基于对中美企业话语特征的研究发现，中企倾向于非人际性沟通风格（impersonal communication style）；而美企业倾向于人际性沟通风格（personal communication style），较多使用人称代词。语言学中探讨的人际性沟通与 Kent 和 Taylor（1998）的对话沟通异曲同工，在探究企业沟通方式方面能够实现相互补充。

上述沟通理论兼顾了企业网站沟通的特殊性，既关注沟通内容，也关注网站界面设计特征、语言表达方式影响下的企业沟通方式，为探究中美企业网站身份话语在语篇层面的沟通策略、企业与公众关系身份的建构提供了重要理论支撑。

3.1.3 批评话语分析

批评话语分析源于 Roger Fowler 等（1979）提出的“批评语言学”（critical linguistics），主要关注话语与社会的互构关系，“将语言与其社会功能相结合，从语言角度对社会问题进行跨学科研究”（苗兴伟、赵云，2019：3）。批评话语分析是身份研究的重要理论基础（Ainsworth & Hardy, 2004； Benwell & Stokoe, 2006），能够将语言分析与社会语境有效对接（Fairclough, 1992），超越单纯的口头、文本话语的分析，结合交际语境剖析话语背后的使用意图。话语既能对现实世界进行描写，同时建构社会关系与身份（胡开宝、盛丹丹，2020）。批评话语分析的本质在于揭示话语中隐藏的意识形态、权力关系，反过来话语对意识形态与权力关系也有反作用，能够建构情景、知识对象、社会身份、人际关系等（Fairclough et al., 2011）。批评话语分析为揭示话语与身份的互构关系提供了重要的理论基础。尽管批评话语分析主要用于政治话语、性别等相关研究，但近来在机构（企业）身份话语研究中应用广泛（例如：Koller, 2007；陈建平，2016；2017；乌楠、张敬源，2019）。本研究探讨企业话语对企业身份的建构功能离不开批评话语分析，通过对文本词汇、语法、语义域等不同语言特征的分析揭示交际主体背后的意识形态及对话语的控制，并进一步解读话语实践与社会文化的关系，这对探讨不同社会文化语境对企业身份话语建构的影响具有重要理论价值。

批评话语分析具有多种分析模式，如批评语言学与社会符号学（Kress & van Leeuwen, 2006）、话语与社会变迁（Fairclough, 1992）、社会认知模式（van Dijk, 2000）以及语篇 – 历史分析法（discourse-historical approach）（Wodak, 2001）。语篇 – 历史分析法强调将语境分析及多层面的文本分析系统结合起来，关注话语与社会的互构关系，即话语如何反映社会现实以及社会现实如何影响话语形式（Wodak, 2001）。语篇－历史分析法强调从多个语境层面定位身份的话语实践，即“文本语境，文本、体裁等互文、互语关系，话语之外的社会/社会变量或具体情景语境（context of situation）以及更为宽泛的社会政治及历史语境”（Wodak, 2001：67）。该理论主张从三个层面揭示话语背后的意识形态：（1）主题内容（content/topics），（2）话语策略（discursive strategies），（3）语言实现形式（linguistic realizations）（p72）。Wodak（2001）采用语篇-历史分析法探讨了公共话语中的偏见与种族主义，总结出五种话语策略，即“指称策略（referential/nomination）、预设策略（predication）、论辩策略（argumentation）、视角化策略（perspectivation）及强化/削弱策略（intensification/mitigation）”（p.73）。该理论在机构（企业）身份话语研究中应用较为广泛（例如：Koller, 2012；孙咏梅、张艳斌，2013；乌楠、张敬源，2019），五种话语策略也为身份研究提供了重要的理论框架。

本研究将借鉴现有研究成果，结合两国企业的身份话语特征，选择性地探讨上述话语策略。此外，批评话语分析也为本研究探讨文化语境对企业身份话语建构的影响提供了重要的理论支撑，批评话语分析有助于将语篇层面的文本分析与宏观社会语境分析有机地结合起来（孙咏梅、徐浩，2013），揭示话语的社会建构性。本文将企业网站身份话语研究置于社会文化语境中，基于对文本、图片等话语实践的分析，揭示其背后的交际动机及文化影响。

3.1.4　跨文化交际相关理论

探讨文化语境对企业话语、企业沟通的影响需要跨文化交际相关理论支撑。现有研究中涉及的主要理论包括 Greet Hofstede（1980）的文化维度理论与 Edward T. Hall（1976）的高低语境文化理论。下文将着重对这两个跨文化理论进行回顾和总结。

3.1.4.1 文化维度理论

文化的内涵较为丰富，跨文化传播研究中一般将国家文化视为文化的替代（proxy）。20 世纪 80 年代，荷兰人类学教授 Hofstede（1980）指出文化是不同群体或种族的集体思想和智慧。基于对跨国公司员工的调查，Hofstede 及其团队构建了包括个人主义与集体主义（IVC：Individualism Vs. Collectivism）、不确定性规避（UAI：Uncertainty Avoidance Index）、权力距离（PDI：Power Distance Index）、男性主义与女性主义（MAS：Masculinity Vs. Femininity）、长期取向与短期取向（LTO：Long-term Orientation Vs. Short-term Orientation），及后来补充的自我放纵与约束（IND：Indulgence Vs. Restraint）（Hofstede et al., 2010）的文化维度理论，并对 76 个国家在各文化维度上赋予得分（0—100）。其中，中美两国在各身份维度上得分情况如图 3.2 所示，中国属于典型集体主义文化。

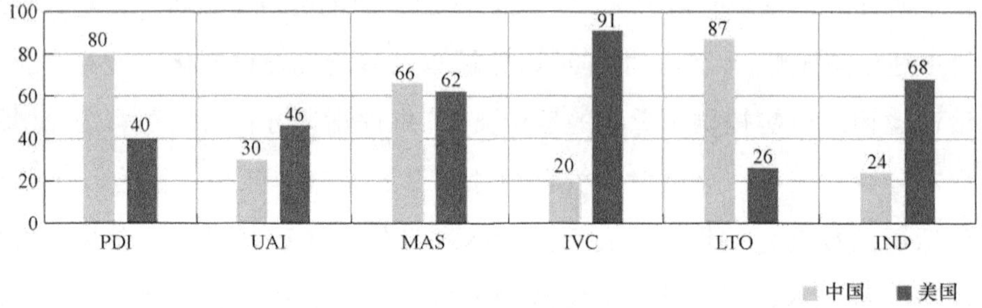

图 3.2 中美两国文化维度对比

就各文化维度而言，（1）个人主义与集体主义指个体与社会间的关联程度，个人主义文化中社会成员更重视个体身份建构，而集体主义文化中社会成员倾向于建立与集体、国家等社会群体间的关系，建构群体身份。（2）不确定性规避是指社会成员对模糊性与不确定性的态度。（3）权力距离是衡量社会成员对社会中不平等权力与地位的接受程度的指标。在高权力距离文化中，权力地位较低的社会成员对不平等权力分布的接受度较大，尊重权威和社会地位；而低权力距离文化更为重视权力平等。（4）男性主义与女性主义文化则主要考察社会中对竞争性、独断性等男性品质的倾向性及社会角色分工的界定。男性主义文化倾向竞争性，更强调社会成就、英雄主义、果断自信及成功的物质回报，而女性主义文化则更重视合作、谦逊、关怀弱势群体及追求生活品质。企业文化则常表现为刚性文化与柔性文化。中美两国在男性主义文化维度上得分均较高，分别为 66:62。（5）长期/短期导向则主要表示社会成员对延缓其物质享受的接受程度，长期导向文化中人们以长远目标和利益、未来回报为导向，而短期导向更重视和尊重当前和过去的传统，重视维护面子及履行社会职责。同时，该文化维度与社会成员对待时间的态度有关，短期导向文化中的社区成员期望快速获取结果。（6）自我放纵与约束表示对人类基本的享乐天性的满足与约束程度，自我约束文化通过严格的社会规则规范个人的享乐需求。文化维度理论主要用于探讨国家间的跨文化交际研究，同时在跨文化商务沟通、媒介文化领域中应用广泛，常用于探讨文化差异对广告、新闻传播、网站设计等媒介产业的影响（马兴祥、王欣芳，2018），为跨文化沟通与传播研究提供了重要的理论支撑，其中个人主义/集体主义、权力距离、不确定性规避及男性主义/女性主义文化维度在网站跨文化研究中应用更为广泛（如史兴松、单晓晖，2019）。

3.1.4.2　高低语境文化理论

美国人类学家 Edward T. Hall（1976）在 *Beyond Culture* 一书中指出文化具有语境性，语境有高低之分，因而文化分为高语境文化（high context culture）与低语境文化（low context culture）。

不同语境文化中交际双方因对语境依赖程度不同而采用的交际风格、沟通方式存在差异，其中，高语境文化中的信息具有预先编排的特色，并非直接编码于信息中，而是依赖交际语境及交际者本身进行沟通（Hall, 1976；叶凡，2013），因此，表达方式及用语较为含蓄，交际者需要结合语境及背景知识揣测讲话者背后的用意；语言编码模式则表现为“作者-读者”的心领神会型（张晓，2015：207）。低语境文化中的沟通方式则相反，交际双方借助语音、语调、词汇甚至肢体语言直接且清晰地传达信息（Hall, 1976；叶凡，2013），交际信息基于“听话者-谈话者”直白和明码方式传递，听话者无须过度依赖语境去揣测说话者的用意（张晓，2013：207）。中国文化属于典型的高语境文化，而美国文化为低语境文化。

综上，文化维度理论与高低语境理论在当前网站跨文化传播研究中应用广泛，常用于探讨不同国家企业网站内容设计中体现的文化价值内容（如 Singh & Matsuo, 2004；Singh et al., 2005；Jiang & Wei, 2013）。尽管 Hofstede 文化维度理论在前提假设及方法论上受到了学者质疑（例如：McSweeney, 2002；Tung & Verbeke, 2010），但仍旧是现有跨文化研究中适用性较强的理论框架。本研究参考 Bravo et al.（2013）等相关研究，将 Hofstede 的文化维度理论、高低语境文化理论等相关跨文化理论作为阐释性理论，而非前提性框架，用于解释中美企业网站身份话语实践中的表现差异，而非直接将其套用于企业网站内容与话语特征的分析。

3.2 企业网站身份话语建构研究框架

综合上述语用身份理论、企业沟通理论、批评话语分析及跨文化相关理论，并参照现有研究针对机构（企业）身份话语建构提出的框架，本研究尝试建构了企业网站身份话语建构研究框架（如图 3.3 所示），分别由话语主题内容层面、语篇语用层面及词汇语法层面的话语策略构成，其中主题内容层面主要考察网站中文本、图片的身份话语主题；语篇语用层面则关注网站的沟通方式、语用沟通策略；词汇语法层面则探讨两国企业网站身份话语的词汇特征及语法特征。该框架中不同话语层面的身份建构策略参照了陈新仁（2013）总结的身份相关的话语选择，以及对网站话语特征的预调研结果，试图系统、全面地分析不同层面的话语策略及其具体语言实现手段，进而揭示企业试图建构的企业身份类型。

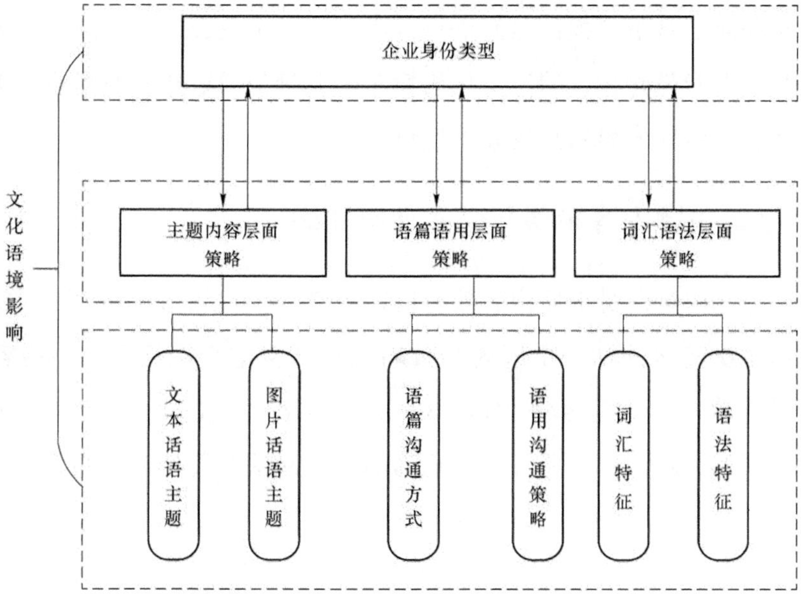

图 3.3　中美企业网站身份话语研究框架

本研究探讨的企业网站身份话语建构策略更关注其广义内涵，包括话语主题内容呈现、网站沟通方式、语用沟通策略及词汇语法特征等不同层面的话语表现。身份的话语建构策略并非穷尽性的，本研究着重从不同话语层面更为系统、综合地探究企业网站的身份话语建构。此外，身份建构具有语境制约性（De Fina et al., 2006）。陈新仁（2013）指出交际者会根据交际语境与交际需求策略性地建构自我身份；与个体类似，企业也应根据社会文化语境、交际对象适当地调整建构身份的话语策略。中国企业英文官网中的外宣身份建构实质为企业与国外受众间的交际互动过程，涉及不同文化背景对这一话语实践的影响；而中企能否针对海外受众进行适当的跨文化调适对交际效果具有重要影响（Shi & Xu, 2020）。因此，本研究还将探讨文化语境对企业网站身份话语建构的影响。

话语层面的分析是进一步对身份话语建构进行语境阐释的基础（Koller, 2012）。本研究从不同层面的话语分析切入，对比中美企业网站身份话语建构策略及其试图突出的企业身份类型，并结合相关跨文化理论探讨其背后的文化语境影响。基于上述研究框架，本研究主要探讨以下内容：（1）话语主题内容策略与企业身份建构；（2）语篇语用策略与企业身份建构；（3）词汇语法策略与企业身份建构；（4）文化语境对企业身份话语建构的影响。下文将详细阐释各个研究内容的具体分析视角。

3.2.1 话语主题内容策略与企业身份建构

话语主题内容是身份建构的重要话语策略（Tracy, 2002；陈新仁，2013）。企业网站身份建构的话语主题内容策略既包括文本身份话语主题内容，也包括图片身份话语主题内容（如图 3.4 所示）。其中，文本身份话语主要关注企业概况页的文本语料，图片身份话语则关注网站首页与企业概况页呈现的图片。

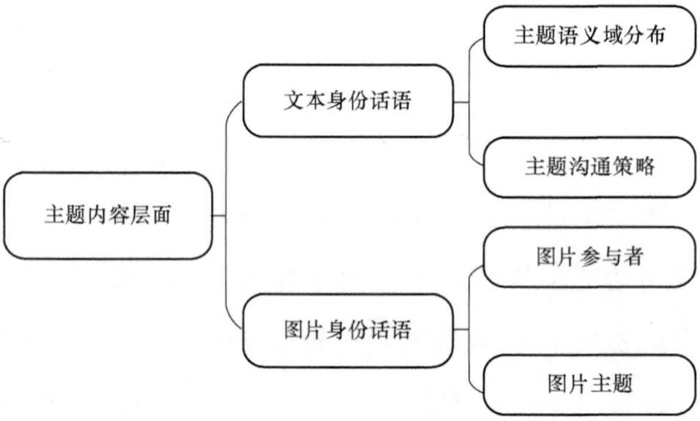

图 3.4　主题内容层面企业网站身份话语建构的分析维度

企业概况（About us）是企业身份建构最为直观的商务体裁，企业概况中具体凸显的话语主题内容是企业经过仔细推敲后策略性自我呈现的结果。同时，网站首页及概况页中的图片也是企业自我身份建构的重要话语资源。本文将分别探讨两国企业网站中文本身份话语、图片身份话语凸显的主题内容差异及相应建构的身份类型。针对文本身份话语主题，本研究将借助语料库工具 Wmartix 对中美企业概况进行主题语义域、关键词及搭配索引分析，进而探讨两国企业文本身份话语凸显的主题异同。Kim 和 Rader（2010）基于企业话语主题内容指出企业沟通策略分为企业能力策略、企业社会责任策略及混合策略，为考察中美企业在自我身份建构中的主题沟通策略提供了重要的理论基础。因此，本研究将基于对文本身份话语的主题语义域分析结果，进一步探讨两国企业的主题沟通策略。针对图片身份话语主题，本研究将结合多模态话语分析考察两国企业网站图片中凸显的话语主题的异同。

综上，话语主题内容策略方面，本研究一方面关注企业文本身份话语的主题语义域表现及主题沟通策略；另一方面关注企业网站中图片身份话语凸显的话语主题，包括图片参与者及图片主题，进而揭示两国企业突出建构的身份类型。

3.2.2　语篇语用沟通策略与企业身份建构

企业话语主题内容策略用以对企业身份进行话语性建构，是企业话语发挥概念功能的重要表现。除了企业话语主题内容外，企业网站话语的沟通方式、沟通视角及言语行为等语用策略对企业与公众关系身份的建构同样具有重要意义。语篇语用沟通策略一方面关注两国企业网站作为特殊的商务“语篇”呈现的沟通方式，具体体现在网站互动性特征及企业话语的交互性特征；另一方面关注企业文本身份话语呈现的语用沟通策略，具体包括视角化策略与言语行为策略（如图 3.5 所示），即企业展示自我时选取的立场视角与具体言语行为。语篇语用沟通策略是企业话语发挥人际功能的重要体现，对建构企业与受众的关系身份具有重要作用。

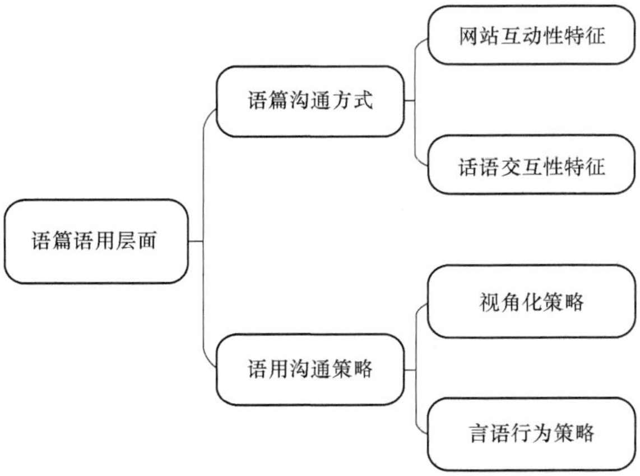

图 3.5　语篇语用层面企业网站身份话语建构的分析维度

首先，企业沟通方式对建立、维护公众关系至关重要。陈建平（2016：33）指出话语策略分析需“洞察语料内容、观察与反思，并结合相关学科理论去形成分析框架”。本文研究对象为企业话语，其语境为商务话语，而企业沟通理论中针对企业沟通方式的相关研究为本研究对比两国企业网站呈现的沟通方式提供了重要借鉴。就沟通方式而言，本文参照 Grunig 和 Hunt（1984）与 Kent 和 Taylor（1998）提出的沟通分类，探究中美两国企业在网站身份建构中倾向于如何建构与公众的关系身份，即采用单向的新闻播报式沟通还是双向对称的对话式沟通。针对企业网站沟通方式的分析是考察企业网站语篇层面沟通策略的重要观察维度，同时对进一步揭示企业突出的关系身份类型具有很强的概括能力。Kent 和 Taylor（1998）指出，网站的互动性特征对实现对话式沟通具有重要影响。此外，企业话语本身的交互性特征对实现其人际劝说功能、增进与读者间的关系同样具有重要意义。因此，企业沟通方式分析主要考察网站的互动性特征与话语交互性特征。

其次，语用身份理论中提及的相关语用策略对本研究探讨企业身份建构策略具有重要参考价值。陈新仁（2013）归纳了语用身份建构的话语实践类型，包括语码选择、语体选择、语篇特征、话语内容、话语方式、言语行为、称呼语、语法选择等 11 种话语策略。本研究探讨的话语主题内容策略关注“话语内容”，语篇语用沟通策略关注“语篇特征”“话语方式”“言语行为”。在企业网站话语沟通中，语篇语用沟通策略具体表现为网站特征反映的沟通方式，也表现为言语行为、沟通视角。第二章对身份话语策略研究回顾中发现，言语行为策略是企业语用身份研究中的重要策略，但多针对社交媒体（如李朝渊、吴冬英，2016；Feng, 2017；Li & Wu, 2018）。李朝渊、吴冬英（2016）研究跨国企业社交媒体话语，发现企业表现出三种关系言语行为：信息披露类、成就分享类及与公众日常互动类。类似地，Feng（2017）研究国内银行企业微博推文发现，企业采用“扮可爱、问候粉丝、自嘲、表达感谢”等言语行为建构其多元身份。李朝渊、吴冬英（2016）提出的“关系言语行为”对本研究探讨企业与受众关系身份的建构具有重要意义。参照上述研究发现，并结合网站话语自身特征，本研究将对比中美企业网站话语中表现出的言语行为，尤其关注以建立、维护公众关系为导向的关系言语行为。此外，视角化策略是中美企业身份话语建构中另一较为明显的语用策略（乌楠、张敬源，2019；邓鹂鸣、周韵，2020）。视角化策略指发话人通过对相关活动及语言进行报告、陈述或者引用从而表达其立场及参与性（Wodak, 2001），这有助于揭示企业身份建构中的参与主体。

综上，语篇语用沟通策略主要关注语篇沟通方式与语用沟通策略，其中语篇沟通方式具体反映在网站互动性与话语交互性两方面；而语用沟通策略则主要关注视角化策略与言语行为策略两个方面，通过上述语篇语用沟通策略分析揭示了两国企业试图建构的身份类型。

3.2.3 词汇语法策略与企业身份建构

词汇语法策略分析有助于更为微观细致地探讨企业身份话语在词汇、语法方面的表现形式，进一步对接和佐证话语主题内容层面与语篇语用层面的话语策略分析结果。借鉴现有文献针对机构（企业）微观话语特征与身份建构的相关探讨，本研究选取高频词、指称词、词性分布（尤其关注动词特征）作为词汇特征层面的观测点，及物性小句分析则作为语法特征的观测点（如图 3.6 所示）。

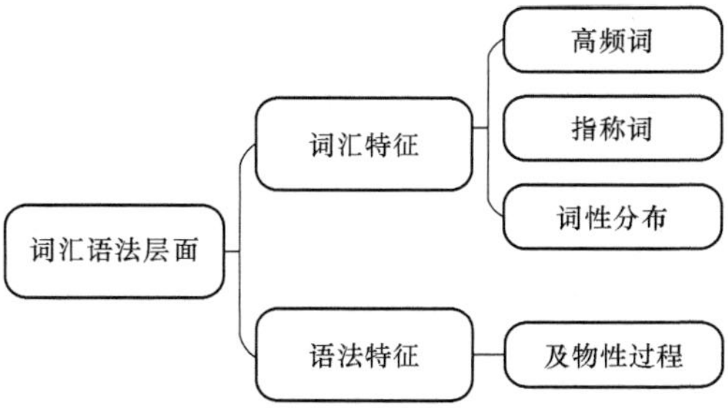

图 3.6 词汇语法层面企业网站身份话语建构的分析维度

首先，指称策略是 Wodak（2001）提出的五种话语策略之一，是身份话语研究中较为关注的策略。Bucholtz 和 Hall（2005）同样指出指示原则（Indexicality Principle）是身份研究的重要原则之一。机构（企业）身份话语相关实证研究同样发现指称词选择与身份建构存在密切关系（例如：Feng, 2017；柴改英、韩骅，2017）。称呼语具有身份标记功能，袁周敏（2011a）指出不同的称呼语能够折射出说话人在顺应交际语境下期望建构的个体身份、人际身份或群体身份。同样，在企业话语中，称呼语/指称词也能反映不同语境下企业倾向的沟通方式、与受众保持的关系距离等（Koller, 2007；PAD research group, 2016），并有效对接语篇语用层面的沟通策略。其次，高频词分析能够直观地揭示企业身份话语中的侧重点，包括侧重突出的利益相关者、描述主题等，能够有效对接话语主题内容层面分析。再次，词性分布能够反映企业倾向使用的如积极评价性词汇、数量词、动词等，揭示了交际主体对自我及社会事物认知的定位、立场与态度；且动词使用能够反映两国企业倾向突出的企业行为活动，同样能够有效对接话语主题内容分析。最后，及物性过程是交际主体表达对客观事物的认知（Halliday＆Matthiessen, 2004），不同及物性过程如物质过程、心理过程、言语过程等的选择能够反映企业试图突出与前景化的企业行为、心理活动、态度认知等，同样能够有效关联语用层面企业身份话语中的言语行为分析。

综上，参考现有针对词汇语法特征和身份的互构研究，本研究在词汇语法层面主要关注高频词、指称词、词性分布（尤其关注动词使用）等词汇特征，语法特征则主要关注及物性小句的过程分析。

3.2.4 文化语境对企业身份话语建构的影响

探讨文化语境的影响离不开对各话语层面企业身份建构策略的分析。针对文化语境对企业身份话语建构的影响，本研究并不独立成章地探讨，而是结合相关跨文化理论对话语主题内容层面、语篇语用层面及词汇语法层面中国企业网站外宣身份与美国企业网站身份话语建构的分析结果进行跨文化阐释，进而揭示文化语境对这一话语实践的影响。现有研究发现不同文化语境下，企业话语秩序存在差异，表现在话语主题倾向、沟通策略及词汇使用等不同语言层面（例如：Shi & Shan, 2019）。探讨话语实践的社会建构功能不仅应选择合适的语言分析角度及分析工具，而且应选择适当的理论对分析结果做出阐释（Wodak, 2001：69）。本研究探讨的中国企业外宣话语身份与美国企业身份话语建构最直接的语境就是两国文化，因此，相关跨文化理论将被用于探讨文化语境对各层面的企业身份话语的影响，进而对比其建构的企业身份类型。

3.3 本章小结

本章首先对语用身份理论、企业沟通理论、批评话语分析及跨文化交际相关理论进行了阐释，为本研究提出企业网站身份的话语建构研究框架提供了重要理论支撑。随后，结合上述理论、现有机构（企业）身份话语研究框架及企业网站话语特征，本研究建构了企业网站身份的话语建构研究框架，分别由话语主题内容层面、语篇语用层面以及词汇语法层面话语策略展开，探讨各层面话语策略的具体语言实现手段及其建构的企业身份类型；同时这一话语实践受文化语境影响。该研究框架考虑了企业网站话语在不同话语层面的特征表现，具有综合性与系统性。基于这一研究框架，本研究提出了四个研究关注点，分别为话语主题内容策略与企业身份建构、语篇语用沟通策略与企业身份建构、词汇语法策略与企业身份建构以及文化语境对企业身份话语建构的影响；分别对比中美银行企业网站身份话语在不同话语层面的表现，进而揭示其背后的交际动机及文化语境影响。不同层面的话语策略表现能够反映文化语境的影响，且各话语层面之间相互联系、相互影响，凸显企业身份的不同自我维度。

第4章

研究设计

本章将首先基于第3章提出的企业网站身份话语研究框架提出研究问题，随后介绍样本企业选取标准、语料搜集过程与语料库的基本信息，第三节重点介绍本研究所采取的研究方法，包括基于语料库的话语分析、多模态话语分析、内容分析法及跨文化对比分析，最后对本章内容进行总结。

4.1 研究问题

基于第3.2节提出的中美企业网站身份话语研究框架及研究关注点，本研究提出以下四个研究问题：

（1）主题内容层面，中美企业网站中文本、图片身份话语分别凸显的主题有何差异？分别建构了何种身份类型？

（2）语篇语用层面，中美企业网站话语呈现的语篇沟通方式、语用沟通策略有何特点？分别建构了何种身份类型？

（3）词汇语法层面，中美企业话语在高频词、指称词及动词等词汇特征，以及在及物性小句分布上有何特点？分别建构了何种身份类型？

（4）文化语境对企业网站身份话语建构有何影响？文化语境的影响对中国企业的外宣身份建构有何启示？

4.2 样本及语料搜集

4.2.1 样本选取

（1）确定样本框

本研究旨在对比中国企业网站外宣身份与美国企业身份话语建构的异同，进而为提升中国企业国际话语能力及跨文化沟通能力提供参考。因此，研究对象选取了中国企业英文官方网站与美国企业官方网站，具体探讨样本企业网站中文本、图片等话语符号对企业身份的建构策略，尤其关注企业概况页（About us page）。

现有研究证实行业差异对企业身份建构具有重要影响（Melewar, 2003），为避免行业差异对企业身份话语策略、倾向凸显的身份特征造成干扰，本研究将研究样本限定在金融行业中的银行企业，主要基于以下考虑：金融业是现代经济的核心①，银行企业属重要金融服务业，互联网金融的快速发展以及行业监管等倒逼市场环境，金融服务业市场竞争加剧（Ohnemus, 2009）；同时金融危机及欧债危机后，金融企业面临更多公众压力（Shi & Shan, 2019）。此外，在产品服务愈发同质化的情况下，企业网站话语建构的独特身份对企业赢得竞争优势至关重要（Degano, 2010）；加之银行企业网站除了发挥信息传播功能外，还是重要的服务平台，因此，较之传统制造业，银行企业可能更为重视积极建构网站中的自我身份、维护自我形象，从而赢得公众信任。

本研究分别以 2020 年财富中国 500 强企业、2020 年财富美国 500 强企业、2020 年最具品牌价值银行世界 500 强（Top 500 Banking Brands 2020）三个榜单为样本框选取样本企业。财富中国 500 强企业与财富美国 500 强企业榜单分别代表两国各行业优秀代表企业，其中中国上榜商业银行 23 家，美国

① http://www.chinadaily.com.cn/m/shanghai/lujiazui/2017-06/29/content_29931990

上榜商业银行 20 家，为拓展样本容量，进一步选取“最具品牌价值银行世界 500 强[①]”榜单为样本框，该榜单是由英国品牌价值评估公司 Brand Finance 发布的，具有权威性。上述榜单在企业网站跨文化研究中应用广泛（例如：Liu & Wu, 2015；Shi & Shan, 2019），具有科学性与权威性，能够反映银行业标杆性企业，对探讨两国银行企业身份话语建构具有借鉴价值。

（2）样本企业选取步骤

首先，对上榜企业进行预选，2020 年财富中国 500 强企业中商业银行有 23 家，2020 年财富美国 500 强企业中商业银行有 20 家。

其次，浏览预选中国样本企业的英文官网，考察其英文网站建设情况（能否正常访问、英文网站信息是否完整、网页是否定期更新），筛查发现预选样本中一家中国企业英文官网正在建设中，一家美国企业网站无法访问，故剔除上述两个样本企业，剩余中国样本 22 家，美国样本 19 家。

最后，考虑后续数据分析及语料分析的有效性，进一步选取 2020 年最具品牌价值银行世界 500 强榜单为样本框，该榜单中上榜中国银行企业 49 家，美国上榜银行企业 75 家，分别按照排名依次比对已选样本企业列表，从高到低继续筛选扩充中美样本企业容量，并检查其网站建设情况，直至最终选定中美样本企业各 30 家（样本企业名单详见附录 A）。

4.2.2　分析页面确定

本研究旨在对比中国银行企业英文网站与美国企业网站身份的话语建构策略。企业网站内容丰富，包含多个层级的页面，囊括企业概况、企业年报等多种商务体裁。针对不同利益相关者，不同商务体裁的交际目的各有侧重，如企业年报通过对企业财务信息的披露，旨在赢得投资者信任。分析企业网站中所有商务体裁中企业身份的话语建构不具有可行性，同时不同体裁突出的企业身份类型可能各有侧重。企业概况页（About us）是企业针对普通受

① Top 500 most valuable banking brands 2020 榜单来源：https://brandirectory.com/download-report/brand-finance-banking-500-2020-preview.pdf

众展示自我、建构身份的最为直观的商务体裁（Pollach, 2005），也成为国际学者研究企业身份的常用素材。企业概况是对“我是谁”的最基本回答，一般包含企业简介、发展历程、文化价值观、企业社会责任等基本信息，以及企业战略、产品与业务介绍、获奖情况等重要商业信息，是企业经过仔细推敲后向大众呈现自身形象、构建自我身份的重要媒介。

尽管网站首页（home page）是访客最先看到的内容，是受众了解企业信息的重要门户，但银行企业网站首页主要发挥导航索引功能，汇总网站中各层级子网页信息、引导访客快速获取所需信息（如图 4.1 所示）。网站首页呈现的图片较为丰富，用以呈现企业价值观等信息。网站首页图片作为企业身份建构的重要话语符号同样不可忽视（Cheng, 2016）。因此，考虑研究的可行性和有效性，本研究将关注网站中的首页图片及企业概况页，对比中美银行企业网站中的文本、图片话语如何实现对企业身份的策略性建构。

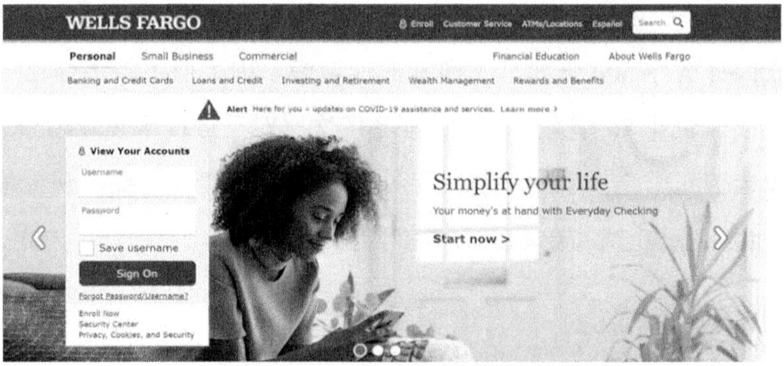

图 4.1　美国银行网站首页（来源：Wells Fargo）

4.2.3　语料搜集

本研究具体分析的语料包括文本语料与图片语料，其中文本语料源于企业概况页，图片语料则包括企业概况页与网站首页中呈现的图片。语料搜集过程通过人工手动实现，文本语料的具体搜集过程如下：（1）首先分别使用百度和 Google 浏览器通过财富官网中显示的网址进入中美样本企业官网，随后进一步选择中国企业的英文官方网站；（2）浏览网页中 About us 版块下所有语料，不同企业可能使用的术语标签存在差异，如“About Company Name”“Company Overview”“Company Profile”等类似标签均属企业概况相关介绍，针对部分企业网站中设有独立的“企业文化”“企业战略”及“企业社会责任”板块，如“corporate culture”“corporate history”“corporate strategy”“mission statement”及“corporate social responsibility”等并未置于企业概况栏目下，这些文本内容是对企业思想、价值观及企业行为的重要体现，也将作为企业身份话语的语料；将搜集所得语料分别构建中美银行企业文本身份话语语料库；（3）语料清洗，语料分析前，研究者需对搜集的语料进行数据清洗，检查是否存在乱码、拼写错误等问题，并统一文本格式，最终形成可供语料库工具分析的文本语料。考虑网站会实时更新，语料搜集集中于 2020 年 9 月 1 日—2020 年 9 月 25 日，最终构建的中国企业文本身份话语语料库（Chinese Corporate Identity Discourse Corpus，简称 CCID）共 106 822 形符数，美国企业文本身份话语语料库（American Corporate Identity Discourse Corpus，简称 ACID）共 136 864 形符数。

针对企业身份话语主题内容层面的分析，本研究除了关注文本话语符号，还关注图片话语对企业身份的建构策略。两国企业图片身份话语语料选自样本企业网站首页（home page）与企业概况页（About us），图片选取标准参照 Hamid（2017）的搜集标准：（1）所选图片需包含企业相关信息；（2）条幅广告（banner ads）与小图标等不属于本研究范围，因其相对缺少与企业相关的视觉信息。考虑网站会实时更新，语料搜集集中于 2020 年 9 月 1 日—2020 年 9 月 25 日，最终构建中国企业图片身份话语语料库（包含 122 张图片）和美国企业图片身份话语语料库（包含 141 张图片）。

4.3　研究方法

本研究融合多学科理论，采用多视角、多方法考察中美企业网站身份话语分别在话语主题内容、语篇语用及词汇语法层面的身份建构策略及话语特征表现的异同，进而揭示各自建构的企业身份类型，并探讨文化语境对企业身份话语建构的影响。下文将详细阐释本研究采用的研究方法，具体包括基于语料库的话语分析、多模态话语分析、内容分析法及跨文化对比分析。此外，第三章介绍的批评话语分析既是本研究的重要理论基础，也是研究方法，有助于探讨两国企业身份话语的语用沟通策略及其语用功能。

4.3.1 基于语料库的话语分析

针对不同话语层面的身份建构策略，本研究将结合企业话语特点采用多种研究方法。针对话语主题策略分析、语篇语用策略分析与词汇语法层面的话语策略分析，语料库工具 WordSmith、Wmartix、MAT 及 Sketch Engine 将辅以探讨具体话语表现。采用语料库工具能够对企业身份话语进行大规模调研，且弥补研究人员主观判断的不足，为身份话语建构研究中的具体语言特征分析提供量化参考（柴改英、韩骅，2017）。本文将首先利用语料库工具 Wordsmith 5.0 对两国企业文本身份话语语料库的基本信息进行分析。Wordsmith[①]是由 Mike Scott 开发的语料库检索工具，具有索引（Concordance）、关键词（Keyword）、词表（Wordlist）分析及其他辅助功能（王立非、梁茂成，2007），其词表功能能够对语料的基本信息进行分析，包括平均词长、词汇密度等。

（1）语料库工具 Wmatrix 用于主题语义域分析

话语主题内容层面的身份话语分析涉及文本话语主题与图片话语主题，针对文本话语主题分析，本文将借助语料库工具 Wmatrix 对中美两国企业身份话语语料突出的主题语义域进行自动识别，然后对识别的语义域、搭配索引进行分析，并将特定语义域识别的关键词置于上下文语境中理解、判别其具体凸显的主题内容。将语义域自动识别与人工主题分析相结合，实现相互补充，增强研究结果的效度，并为后续探究两国企业突出建构的身份类型奠

① https://www.lexically.net/wordsmith

定基础。Wmatrix 是由兰卡斯特大学的 Paul Rayson 博士开发的在线语料库工具。Wmatrix 内嵌的 CLAWS 及 USAS（UCREL Semantic Analysis System）能够进行词性及语义自动标注（准确率分别达 96%—97%及 92%）并能对比观察语料库与内嵌参照语料库（本文选取 BNC Sampler Written）自动生成主题语义域分布表（Rayson, 2008）。Wmatrix 所依循的 UCREL 语义赋码集（Semantic Tagset）（如表 4.1 所示）包含 21 个语义域（A-Z），每个语义域下包含多个次语义域，共 232 个次语义域；如语义域“I：产业中的金钱与贸易”，包含“I1：金钱：一般”“I2：商务”“I3：工作与雇佣”及“I4：产业”等四个次语义域。

本研究将借此识别观察语料库中超常或过度使用的语义域（对数似然率 LL≥6.63，p≤0.01 时），为文本话语主题策略分析提供依据；同时该工具能生成关键词表（Word list）、词性分布表（POS），并对关键词搭配进行索引（KWIC concordance）等，可用以分析词汇语法层面的话语策略及具体语言实现手段。该语料库工具析出的各层面数据能够较好地对接话语主题内容层面策略、语篇语用沟通策略及词汇语法层面的话语策略分析及其具体语言特征分析，从而有效探究中美银行企业话语突出建构的企业身份类型。

表 4.1　Wmatrix 的上位语义域

A general and abstract terms	B the body and the individual	C arts and crafts	E Emotion
F food and farming	G government and public	H architecture, housing and the home	I money and commerce in industry
K entertainment, sports and games	L life and living things	M movement, location, travel and transport	N numbers and measurement
O substances, materials, objects and equipment	P education	Q language and communication	S social actions, states and processes
T time	W world and environment	X psychological actions, states and processes	Y science and technology
Z names and grammar			

（2）语料库工具 MAT 用于话语交互性分析

语篇语用层面的身份话语策略分析涉及两国企业话语交互性特征。本研究将借助语料库工具 MAT（Multidimensional Analysis Tagger v1.3）分析两国企业身份话语的交互性特征，该工具是由 Nini（2015）开发的多维标注与分析工具，能够进行自动文本标注、特征提取及统计分析，自动输出话语在六个功能维度及 67 个语言特征中的具体表现。多维分析（Multi-dimensional analysis）最初由 Biber（1988）提出，用以分析语域变异（register variation）特征。Biber（1988: 122）归纳了语言的六个功能维度：交互性与信息性表达（involved vs. informational）、叙事性与非叙事性关切（narrative vs. non-narrative）、指称明晰性与情景依赖性（explicit vs. situation-dependent）、显性劝说性表达（overt expression of persuasion）、信息抽象与具体程度（abstract vs. non-abstract information）以及及时性信息阐述（on-line information elaboration），且各功能维度对应其具体语言特征表现，包括正向语言特征与负向语言特征。语料库工具 MAT 能够自动识别各维度中的语言特征使用频次，并得出文本在各功能维度上的得分，如文本在维度“交互性”与“信息性”（involved vs.informational）上得分较高，则说明文本更具情感性（affective）与互动性（interactional）（Biber, 1988；Nini, 2015）。本研究主要关注两国企业话语的交互性特征，因此只选取了第一个功能维度，借助语料库工具 MAT 对两国企业身份话语在该功能维度上的具体表现进行分析。

（3）语料库工具 Sketch Engine 用于词汇语法分析

针对企业身份话语的词汇语法特征分析，本文还将结合语料库工具 Sketch Engine[①]对指称词、关键词等词汇及其搭配进行探讨。Sketch Engine 具有 Word Sketch、Sketch Difference、Concordance、Wordlist 及 Keyword 等多项功能（Kilgarriff et al., 2004），较之 Wordsmith、Sketch Engine 的词汇索引

① Sketch Engine 官网网址：https://www.sketchengine.eu

功能更强大。其 Word Sketch 功能能够对特定词汇使用进行全方位描述，能够根据“语法成分自动提取词语的搭配规律，并按照频率和显著性进行统计排序”（葛晓华，2017），为本研究探讨两国企业身份话语的词汇语法特征表现提供便捷。

4.3.2　多模态话语分析

多模态话语指“运用听觉、视觉、触觉等多种感觉，通过语言、图像、声音、动作等多种手段和符号资源进行交际的现象”（张德禄，2009：24）。企业网站是重要的多模态话语平台，融合文本、图片、视频、音频、超链接等多模态话语进行意义建构与思想表达（Kress, 2010）。多模态话语分析对解读图片意义建构具有重要意义，广泛应用于网站中机构（企业）形象研究（例如：Zhang & O’Halloran, 2012；Cheng, 2016；Michelson & Álvarez Valencia, 2016；PAD research group, 2016）。本研究将结合多模态话语分析对两国企业的图片身份话语进行主题分析。

Kress 和 van Leeuwen（1996, 2006）的视觉语法理论为多模态话语分析提供了重要的理论基础。基于系统功能语言学的元功能思想，Kress 和 van Leeuwen（1996）提出图片具有再现意义、互动意义及构图意义。再现意义对应语言的概念功能，关注图片如何通过图片中的参与者、过程及其关系反映客观世界，进一步分为叙事再现与概念再现。叙事再现通过图片中参与者的行动过程、反应过程、言语与心理等过程实现，而概念再现则通过分类过程、分析过程与象征过程实现，对应系统功能语法中概念实现的关系过程、存在过程。互动意义则主要关注图片如何实现与受众间的互动，主要包括三个要素，即接触（contact）、社会距离（social contact）与态度（attitude）。接触主要指图片参与者与观众的眼神“接触”，据此可将图片进一步分为索取类图片（demand）与提供类图片（offer）。社会距离主要指观看者与图片中塑造的人物、场景间的距离，可以通过图片拍摄的不同焦距实现，距离越近表示图片参与者与观众间的关系越密切。态度指图片视点，表现为平视、仰视或俯视的图片视点，能够揭示图片试图传达的权势、平等与不平等关系。本研究主要关注图片的再现意义与互动意义。首先，在再现意义分析中，本研究将对比中美两国企业网站图片的参与者类型及表达的主题，参照 Michelson 和 Álvarez Valencia（2016）与 Hamid（2017）针对网站图片的研究，由两位编码员（均为英语专业博士研究生）对图片参与者与图片主题进行分类汇总。随后，对比两国企业图片中参与者如何通过接触、社会距离及视点选取实现与观众间的互动。

4.3.3 内容分析法

本研究借助内容分析法探究中美企业网站互动性特征表现，进而探讨两国企业网站语篇沟通方式异同。内容分析法可以根据特定标准对文本内容进行分类（Krippendorff, 1989），是企业网站跨文化研究中应用广泛的研究方法（例如：Singh & Matsuo, 2004；Shi & Shan, 2019）。参照现有研究探讨的网站互动性特征（例如：Meza, 2002；Men & Tsai, 2012；蒋晶等，2011），在对网站特征进行预编码后，研究者最终确定关注网站中导航栏/地图、企业联系方式（电话、邮件、社交媒体等）、常见问题（FAQ）、客户评论栏、分享链接、优惠活动及参与性特征（如账户注册）等有助于实现企业与受众沟通互动的特征。为尽可能减少编码过程中主观性的干扰，具体编码方式则参考现有研究采用二分变量编码（例如：Meza, 2002；蒋晶等，2011），即“0 表示未出现”，“1 表示出现”，分别对各样本企业网站中的互动性特征进行编码统计。编码工作由两名商务英语方向的博士生完成。正式编码之前，两位编码员经过编码培训及预编码，确保其知晓编码标注方式及注意事项。针对预编码中意见存在不一致的地方，两位编码员协商讨论直至达成一致意见。正式编码完成之后，随机抽取全部编码结果的 15%进行编码者间信度检验，计算编码员间 Krippendorff 信度系数为 0.87，信度较高，说明编码结果有效（Krippendorff, 2004）。

4.3.4 跨文化对比分析

针对研究问题 4，即文化语境对企业网站身份话语建构的影响，具体表现在主题内容、语篇语用及词汇语法等不同层面的话语策略有何差异，本研究将定性与定量对比分析结合起来探讨不同文化背景下企业身份话语建构策略的异同。如针对主题内容层面两国企业网站中图片参与者与图片主题分析时，除了定性对比分析两国企业图片意义建构方式外，本研究借助统计分析软件 SPSS 的非参数卡方检验（Chi-square）对比两国企业在图片主题频次表现中是否存在显著差异，并结合相关跨文化理论探讨文化差异对中美企业网站身份构建差异的影响。

跨文化对比分析贯穿于整个研究过程中，包括对话语主题内容策略、语篇语用沟通策略以及词汇语法层面策略分析。跨文化对比分析主要通过结合 Hofstede 等（2010）的文化维度理论、Hall（1976）的高低语境文化等相关跨文化理论对企业话语在文本与图片话语实践层面的具体表现进行适当阐释，为进一步对比两国企业网站话语建构的身份类型奠定基础。文化语境阐释属于社会实践分析，离不开对两国企业身份话语不同层面的语言特征分析。

4.4 本章小结

基于第 3 章提出的中美企业网站身份话语研究框架，本章首先提出了四个研究问题；随后，详细介绍了样本企业选取及语料搜集过程，并对研究方法进行了详细阐释。总体而言，本研究综合基于语料库的话语分析、多模态话语分析、内容分析法、跨文化对比分析及批评话语分析等多种研究方法探讨中美企业网站身份话语在话语主题内容、语篇语用及词汇语法层面的表现异同，并探讨各话语层面突出建构的企业身份类型及背后的文化语境影响。

研究问题 1 探讨主题内容层面中美企业网站身份话语建构，本研究将分别采用基于语料库的话语分析、多模态话语分析对比两国企业网站中文本身份话语及图片身份话语分别突出的主题内容，进而剖析其建构的身份类型。

研究问题 2 探讨语篇语用层面中美企业网站身份话语建构，本研究将分别采用内容分析法、基于语料库的话语分析对两国企业网站沟通方式，包括对网站互动性特征、企业话语的交互性特征进行分析，探讨中美企业网站语篇沟通策略的异同。此外，语用策略特征则主要借助批评话语分析从言语行为、沟通视角方面对企业话语如何实现与受众间关系身份建构进行定性分析，并揭示不同语篇语用策略建构下的身份类型。

研究问题 3 探讨词汇语法层面中美企业网站身份话语建构，本研究主要采用基于语料库的话语分析，借助语料库工具 Wmatrix/Wordsmith/Sketch Engine 分析两国企业在高频词、指称词及词性分布等词汇特征以及及物性小句特征，进而探讨其突出建构的企业身份类型。

研究问题 4 探讨文化语境对企业身份话语建构的影响，针对该研究问题并不独立成章地探讨，而是贯穿于前三个研究问题的分析过程中。本研究主要对两国企业网站身份话语在各层面的话语策略表现进行跨文化对比分析，并结合相关跨文化理论进行阐释，进而为提升我国企业跨文化沟通能力、国际话语能力提供参考。

第5章 中美银行企业网站身份话语建构——主题内容层面

企业网站中呈现的企业概况页是企业积极建构自我身份的重要商务体裁，是企业经过仔细斟酌、策略性选择的结果。企业借助文本、图片等话语符号积极宣传自我，通过策略性呈现特定话语主题积极主动建构企业身份，从而塑造企业良好形象。而实际语言使用除了受交际需求等情景语境影响外，同样离不开特定的社会文化语境，不同文化语境影响、制约言语者对话语符号的选择与调用（Halliday, 1998）。中国银行企业在其英文官网中面向国际受众建构自我身份时，具体凸显哪些话语主题，与美国企业网站中呈现的话语主题内容是否存在差异？两国企业网站身份话语通过策略性凸显主题内容分别建构何种企业身份类型？本章将回答上述研究问题，首先分别对两国企业网站中的文本身份话语、图片身份话语凸显的话语主题进行分析，随后探讨其建构的身份类型，并结合相关跨文化理论对两国企业身份话语在主题内容层面表现的异同进行适当跨文化阐释。

5.1 中美企业文本身份话语的主题对比

本研究探讨的文本身份话语主要聚焦于企业概况，这一最为直观建构企业身份的商务体裁。企业概况中突出的主题语义域能够反映企业身份话语背后的意识形态（Breeze, 2018），揭示企业的价值主张及企业倾向凸显的自我维度，对进一步剖析企业试图建构的身份类型具有重要意义。下文将首先对两国企业文本身份话语语料的基本信息进行统计分析；随后借助语料库工具 Wmatrix 进行主题语义域自动识别，并通过对关键词索引结合上下文语境进行人工解读，从而确定文本话语凸显的主题内容，进而结合企业沟通理论探讨两国企业侧重的沟通策略，最后剖析企业试图建构的身份类型。

首先，利用 Wordsmith 的 Wordlist 分析功能能够对语料库的形符、类符、平均词长与句长等语料基本信息进行统计。由表 5.1 可见，中企文本身份话语语料库标准类符形符比（Standard TTR）低于美国企业（中企为 34.34，而美企为 42.24）。类符形符比是指所有类符（type）与所有形符（token）的比例，是衡量词汇密度与词汇丰富度的重要指标（徐珺、自正权，2014）。标准化后的类符形符比（STTR）不受语料库规模的影响，STTR 越大说明词汇越丰富。由表 5.1 可见，中企身份话语的词汇丰富度相对弱于美国企业，这一结果与部寒、王立非（2021）针对中美企业年报话语研究结果一致，这可能源于部分中企英文官方网站内容是由非英语母语者撰写，词汇量有限。然而，在平均词长、平均句长方面，中企话语则高于美企话语，这一差异可能源于中企在其英文官网中呈现自我时更倾向于使用比较复杂的高级形容词及复杂长句等更为正式的表达方式，如例 1 中国建设银行密集使用积极评价性词汇 continuous、excellent、diversified 以及 innovation、capabilities、competitiveness 等，均为词长较长的高级形容词及名词，采用关系从句、非谓语动词等方式增加句长。而例 2 美企 Bank of America 采用朴实、通俗易懂的评价性词汇 great，以简短句式传达信息。

例 1　Through its ***continuous endeavor*** and ***stable development***, the Bank has developed into the leading bank in the world, possessing an ***excellent*** customer base, a ***diversified*** business structure, strong ***innovation capabilities*** and market ***competitiveness***. —Industrial and Commercial Bank of China

例 2　To be sustainable, we must remain a ***great*** place to work for our employees. —Bank of America

表 5.1　中美企业身份话语语料库基本信息

语料信息	中国企业身份话语语料库（CCID）	美国企业身份话语语料库（ACID）
形符数（tokens）	106 822	136 864
类符数（types）	6 985	9 292
类符/形符比（Standardized TTR）	34.34	42.24
平均词长［Mean word length（in Characters）］	5.43	5.23
平均句长［mean of sentences（in words）］	25.72	21.75

中国企业英文官网的内容多由非英语母语者撰写或翻译。然而，汉语宣传文本中倾向于使用排比、对偶等修辞手法及华丽辞藻，而英语应用文体倾向于使用朴实的语言（吴建、张韵菲，2011），可能受母语负迁移影响，中企英文简介中积极评价性词汇较为抽象，词长更长。

5.1.1　中美企业文本话语主题语义域分析

了解两国企业文本身份话语的基本语料信息后，本研究借助语料库工具 Wmatrix 4.0 分别对中美企业文本身份话语语料进行主题语义域分析以便了解两国企业在呈现自我时突出的话语主题倾向，分析结果如图 5.1、图 5.2 所示，其中 01、02 分别表示观察语料库与参照语料库在各语义域下的观察频次，1%、2%则表示相应语料库中语义域的频率；+表示该语义域在观察语料库比参照语料库超常使用，LL 值（log-likelihood value）表示观察语料库语义域比参照语料库超常使用的显著性，本研究选取 BNC Sampler Written 作为参照语料库。

选取两国企业身份话语各自前三十个语义域进行讨论，由图 5. 1 可见中国企业文本身份话语 CCID 中前三十个语义域（剔除 Z99［无匹配项］）分别为 S7. 1+［权力］、I2. 1［商业：普通］、I1［金钱：普通］、I1. 1［金钱与支付]、S8+［帮助]、I2. 2［商务：销售]、S5+［属于某群体]、T1. 3［时间：阶段]、A5. 1+++［评价：良好]、Z2［地点名词]、A2. 1+［变化]、A5. 1+［评价：良好]、A1. 8+［包含]、S7. 1++［权力]、Z3［其他专有名词]、A5. 1+［评价：好/坏]、I3. 2［工作与雇佣：专业化]、G1. 1［政府]、A15-［危险]、Y2［信息技术与计算]、P1［教育：普通]、N1［数字］等。

		Item	O1	%1	O2	%2		LL	LogRatio	
1	List1 | Concordance	S7.1+	4010	4.10	8413	0.87	+	5144.68	2.24	In power
2	List1 | Concordance	I2.1	2344	2.39	2634	0.27	+	4817.86	3.14	Business: Generally
3	List1 | Concordance	I1	2229	2.28	3515	0.36	+	3649.91	2.65	Money generally
4	List1 | Concordance	I1.1	1841	1.88	2654	0.27	+	3220.00	2.78	Money and pay
5	List1 | Concordance	S8+	1751	1.79	4225	0.44	+	1947.51	2.04	Helping
6	List1 | Concordance	I2.2	1142	1.17	2738	0.28	+	1278.98	2.04	Business: Selling
7	List1 | Concordance	S5+	1713	1.75	5811	0.60	+	1227.90	1.54	Belonging to a group
8	List1 | Concordance	Z99	4184	4.27	22165	2.29	+	1187.82	0.90	Unmatched
9	List1 | Concordance	T1.3	1813	1.85	8327	0.86	+	739.83	1.11	Time: Period
10	List1 | Concordance	A5.1+++	429	0.44	723	0.07	+	666.96	2.55	Evaluation: Good
11	List1 | Concordance	Z2	2579	2.63	14502	1.50	+	611.44	0.81	Geographical names
12	List1 | Concordance	A2.1+	947	0.97	3939	0.41	+	476.45	1.25	Change
13	List1 | Concordance	A5.1+	766	0.78	2905	0.30	+	457.45	1.38	Evaluation: Good
14	List1 | Concordance	A1.8+	535	0.55	1624	0.17	+	450.23	1.70	Inclusion
15	List1 | Concordance	S7.1++	168	0.16	111	0.01	+	411.30	3.82	In power
16	List1 | Concordance	Z3	1015	1.04	4809	0.50	+	385.37	1.06	Other proper names
17	List1 | Concordance	A5.1	259	0.26	478	0.05	+	373.39	2.42	Evaluation: Good/bad
18	List1 | Concordance	I3.2	106	0.11	48	0.00	+	324.39	4.45	Work and employment: Professionalism
19	List1 | Concordance	G1.1	760	0.78	3542	0.37	+	299.92	1.09	Government
20	List1 | Concordance	A15-	199	0.20	370	0.04	+	285.05	2.41	Danger
21	List1 | Concordance	S7.1-	263	0.27	697	0.07	+	262.96	1.90	No power
22	List1 | Concordance	Y2	343	0.35	1126	0.12	+	258.32	1.59	Information technology and computing
23	List1 | Concordance	F4	301	0.31	912	0.09	+	253.94	1.71	Farming & Horticulture
24	List1 | Concordance	M7	1050	1.07	5888	0.61	+	251.14	0.82	Places
25	List1 | Concordance	A13	49	0.05	0	0.00	+	234.02	9.92	Degree
26	List1 | Concordance	A9	58	0.06	11	0.00	+	218.58	5.70	Getting and giving: possession
27	List1 | Concordance	I1.1+	141	0.14	239	0.02	+	218.20	2.54	Money: Affluence
28	List1 | Concordance	P1	692	0.71	3691	0.38	+	192.64	0.89	Education in general
29	List1 | Concordance	N1	2162	2.21	15606	1.61	+	174.01	0.45	Numbers
30	List1 | Concordance	A1.5.2+	117	0.12	220	0.02	+	165.96	2.40	Useful

图 5.1　中国企业身份话语主题语义域分布

美国企业身份话语 ACID 前三十个语义域（见图 5. 2，剔除 Z99［无匹配项]）为：I2. 1［商务：普通]、S8+［帮助]、I1. 1［金钱与支付]、I2. 2［商务：销售]、S5+［属于某群体]、I3. 1［工作与雇佣：普通]、I1［金钱：普通]、A6. 3+［比较：变化]、A1. 8+［包含]、W5［环保]、S7. 1+［权力]、A5. 1+++［评价：良好]、A9-［给予]、X2. 2+［知识渊博的]、Y2［信息技术与计算]、S3. 1［个人关系：普通]、A11. 1+［重要]、X5. 1+［专注的]、S1. 2. 5+［坚韧，强劲的]、X9. 2+［成功]、N3. 2+［尺寸：大]、L1+［活着的]、X9. 1+［有能力的/聪明的]、T2++［时间：开始]、E6+［自信的]、A5. 1+［评价：好]、I3. 2［工作与雇佣：专业]、A13［程度］等。

		Item	O1	%1	O2	%2		LL	LogRatio	
1	List1 | Concordance	I2.1	1926	1.61	2634	0.27	+	2907.87	2.57	Business: Generally
2	List1 | Concordance	S8+	2188	1.83	4225	0.44	+	2414.60	2.07	Helping
3	List1 | Concordance	I1.1	1635	1.37	2654	0.27	+	2137.15	2.32	Money and pay
4	List1 | Concordance	I2.2	1607	1.34	2738	0.28	+	2008.81	2.25	Business: Selling
5	List1 | Concordance	S5+	2187	1.83	5811	0.60	+	1627.32	1.61	Belonging to a group
6	List1 | Concordance	I3.1	1604	1.34	3381	0.35	+	1607.84	1.94	Work and employment: Generally
7	List1 | Concordance	Z99	4967	4.15	22165	2.29	+	1266.33	0.86	Unmatched
8	List1 | Concordance	I1	1311	1.10	3515	0.36	+	962.75	1.59	Money generally
9	List1 | Concordance	A6.3+	526	0.44	860	0.09	+	683.08	2.31	Comparing: Varied
10	List1 | Concordance	A1.8+	685	0.57	1624	0.17	+	595.48	1.77	Inclusion
11	List1 | Concordance	W5	244	0.20	225	0.02	+	480.55	3.13	Green issues
12	List1 | Concordance	S7.1+	1857	1.55	8413	0.87	+	452.13	0.84	In power
13	List1 | Concordance	A5.1+++	369	0.31	723	0.07	+	400.97	2.05	Evaluation: Good
14	List1 | Concordance	A9-	1090	0.91	4474	0.46	+	350.83	0.98	Giving
15	List1 | Concordance	X2.2+	676	0.57	2302	0.24	+	331.24	1.25	Knowledgeable
16	List1 | Concordance	Y2	430	0.36	1126	0.12	+	326.74	1.63	Information technology and computing
17	List1 | Concordance	S3.1	386	0.32	1122	0.12	+	250.44	1.48	Personal relationship: General
18	List1 | Concordance	A11.1+	706	0.59	2803	0.29	+	247.13	1.03	Important
19	List1 | Concordance	X5.1+	194	0.16	344	0.04	+	233.41	2.19	Attentive
20	List1 | Concordance	S1.2.5+	214	0.18	433	0.04	+	224.58	2.00	Tough/strong
21	List1 | Concordance	X9.2+	422	0.35	1382	0.14	+	222.80	1.31	Success
22	List1 | Concordance	N3.2+	454	0.38	1606	0.17	+	206.06	1.19	Size: Big
23	List1 | Concordance	L1+	102	0.09	93	0.01	+	202.20	3.15	Alive
24	List1 | Concordance	X9.1+	335	0.28	1060	0.11	+	188.29	1.36	Able/intelligent
25	List1 | Concordance	T2++	540	0.45	2162	0.22	+	185.14	1.02	Time: Beginning
26	List1 | Concordance	E6+	139	0.12	245	0.03	+	168.21	2.20	Confident
27	List1 | Concordance	A5.1+	651	0.54	2905	0.30	+	165.98	0.86	Evaluation: Good
28	List1 | Concordance	I3.2	70	0.06	48	0.00	+	160.86	3.56	Work and employment: Professionalism
29	List1 | Concordance	A1.1.1	2053	1.72	12189	1.26	+	157.25	0.45	General actions / making
30	List1 | Concordance	A13	35	0.03	0	0.00	+	154.57	9.15	Degree

图 5.2　美国企业身份话语主题语义域分布

（1）中美企业文本身份话语共有主题语义域

提取中美企业身份话语语料库各自排名前三十的主题语义域，对比双方共有及特有语义域；通过各语义域的高频词和搭配索引分析，总结中美银行在建构各自企业身份时凸显的主题特征异同，其中共有主题语义域（如表 5.2 所示）。

表 5.2　中美企业身份话语共有主题语义域及高频词

共有语义域	中企身份话语（CCID）		美企身份话语（ACID）	
	排名	高频词	排名	高频词
S7.1+In power	1, 15	board、committee	12	board、lead、management
I2.1：Business：Generally	2	business、financial service	1	business、financial service
I1：Money generally	3	banks、financial、commercial、cash	8	financial、bank、insurance
I1.1：Money and Pay	4	asset、investment、capital	3	investment、shareholder、capital
S8+：Helping	5	service、support、serve	2	help、serve、support
I2.2：Business：Selling	6	customer、market、transaction	4	client、customer、market

续表

共有语义域	中企身份话语（CCID）		美企身份话语（ACID）	
	排名	高频词	排名	高频词
S5+：Belonging to a group	7	branch、institutions	5	community、team
A5.1+++：Evaluation：Good	10, 13, 17	best、excellent、top	13, 27	best、excellent、greatest
A1.8+：Inclusion	14	comprehensive、include	10	inclusion、include
Y2：Information technology and computing	22	digital、online、Internet	16	online、digital、website

由表 5. 2 可见：两国企业概况共有主题语义域 I1［金钱：普通］、I2. 1［商业：普通］、I1. 1［金钱与支付］、I2. 2［商务：销售］等属于与企业资产、业务等商业信息相关的语义域，相关高频短语涉及 financial banks、financial service、overseas investment 主要用以介绍“企业性质”“业务类型”，是对企业“我是谁”的基本回答，证实了徐珺、自正权（2020：98）总结的企业形象语义建构策略中的商业语义策略，即中美企业均通过介绍“钱财”与“生意”突出企业资产与业务信息，建构其作为银行服务提供者的身份类型。

此外，两国企业文本身份话语共有主题语义域还涉及 S7. 1+［权力］、S8+［帮助］、S5+［属于某群体］、A5. 1+++［评价：好］等，此类语义域在中美银行构建自我身份时皆有表述，具有共性。但细查发现，两国企业在共有语义域的使用频次、高频词，甚至表达的主题上存在较大差异。语义域 S7. 1+［权力］在两国企业中均有体现，而中国企业身份话语中使用频率最高（排名第 1），且就表达方式而言，中国企业主要使用高频词 board（出现 442 次），committee（出现 336 次），用于呈现企业组织架构、管理层及其职能，如例 3 中中国企业介绍其董事会监管职能，旨在突出企业管理层级分明的权威身份。而美国企业在该语义域中，虽然同样使用高频词如 board（269 次），committee（146 次）用以介绍企业组织结构，但使用频次远少于中企。除上述高频词

（board、committee）外，美企在该语义域中还使用 manage、management、leaders 等高频词，对其索引分析发现企业不仅强调监管部门之间的层级管理，而且更强调员工个体的自我管理，如例 4 Wells Fargo 使用 we are all called to be leaders，代词 we 及副词 all 将所有员工纳入语篇沟通中，按照 Bucholtz 和 Hall（2005）总结的身份建构的指示性原则（indexicality principle），美企通过直接指示的方式对言说主体的社会角色进行定位，同时连续三次使用 lead 强调员工的主导作用，突出其主人翁地位。就话语主题来看，中企更突出其企业组织管理层级，而美企身份话语中"层级管理"主题相对较弱，更强调个体自我管理。从文化视角阐释，这一现象可能源于两国文化对不平等权力与地位的接受程度不同，中国属高权力距离文化（Hofstede et al.，2010），社会成员对不平等权力距离与地位的接受程度更大，企业话语表述倾向于突出管理层级及对权威性的尊重；而美国企业则更强调员工个体的自我领导能力，强调其平等地位。

例 3　The ***Board of Supervisors*** is the Bank's supervisory organ and is responsible to the Shareholders' Meeting. —Bank of China

例 4　We're all called to be ***leaders***. We want everyone to ***lead*** themselves，***lead*** the team，and ***lead*** the business… —Wells Fargo

语义域 S7. 1+［权力］在美企身份话语中还体现在 risk management 等高频短语中，展示企业的风险防范意识与风险管控能力，如例 5 美企强调风险管控是企业文化的重要组成部分，突出企业重视风险管控理念。金融产品因其无形性及其评价难度大，安全性成为客户对金融服务业的重要关切（Lee et al.，2011），因此中企身份话语中同样呈现出风险防范相关语义域，下文呈现的中企身份话语特有语义域包含 A15-［风险］，通过 social/environmental risk、risk assessment/management/reduce 等高频词反映企业的风险管控意识，如例 6 中，中企连续使用动词 hold the bottom line、ensure compliance、"abide by…"及副词 firmly 突出企业防范风险的决心及具体行动。两国企业身份话语均突出"风险管控"的话语主题以消除客户的担忧，进而构建稳健、可靠的企业身份类型。

例 5 ***Risk Management*** is part of Regions' culture and it's strengthened by developing an understanding of ***risk management*** concepts…—Regions

例 6 We firmly hold the bottom line for ***risk management***, ensure compliance in our operations, and abide by the laws governing the development…—Bank of China

语义域 S8+[帮助]用以介绍企业具体服务活动，高频词为 serve、services、support、help 等，两国企业均通过描述“企业服务”“企业活动”，将自身建构为服务提供者，彰显企业社会责任感。但就凸显度而言，该语义域在美企概况中更为突出，排名第 2，而在中企概况中则排第 5，这与史兴松、单晓晖（2019：77）研究发现一致，即美国金融企业使用的“帮助”语义域显著高于中国企业。从文化视角阐释，周到的客户服务被视为高不确定性规避文化的标志（Singh＆Matsuo, 2004），美国在不确定性规避文化指数上得分高于中国（46: 30）（Hofstede et al., 2010: 194），因此美国企业较为重视呈现其针对不同客户类型提供的优质服务，以消除顾客风险担忧。进一步借助索引分析（Concordance Analysis）发现，美国企业在该语义域中高频动词 serve、support 等搭配对象包括客户、社区、员工及非营利组织等多种受益者，且美国企业倾向于描述具体项目及企业活动塑造企业作为社会贡献者的身份，如例 7 美企 Wells Fargo 通过介绍具体项目呈现企业对学生提供的相关服务，相比而言，中国企业对企业服务的相关介绍更显笼统性，并未针对具体服务对象与具体服务项目详细展开，提到的主要服务对象为 customers、regional/real economy，如例 8 中 serve 的搭配宾语为 regional economy，相对宏观笼统，而非具体的机构或个体。

例 7 CollegeSTEPS® program provides guidance to ***help*** students manage their finances through college. —Wells Fargo

例 8 The Bank relies on and ***serves*** the regional economy，strengthens its communication and coordination with government departments of all levels. —Bank of Shanghai

从文化语境视角解读，中国属于高语境文化（Hall, 1979），中国企业话语表述相对较为间接含蓄，需要依赖读者/听者结合语境去解读言语者的话语信息，中企对企业服务的介绍较为宏观与笼统，并未就具体企业活动进行描述；而低语境文化中，言语双方则更倾向于直白明了的表达方式（张晓，2015），受美国低语境文化影响，美企倾向于以具体活动、案例阐释企业如何服务社会。同时例 8 还呈现出中企强调企业与政府部门间的协调沟通，重视与政府间的关系维护，这一发现与中国典型的集体主义文化与高权力距离文化（Hofstede et al., 2010）有关。

共有语义域 S5+［属于某群体］在两国企业概况中使用的高频词存在差异，中企多使用 branch、institution 用以描述其分支机构、业务分布广泛（例 9），侧面展示企业实力；而美企则多使用 community、team，一方面用以呈现企业的社区贡献（例 10），另一方面用以展现企业重视员工团队精神（例 11）。

例 9　The Bank ...smoothly rolled out the systems of ICBC Mexico, Zurich ***Branch*** and Prague ***Branch***. —ICBC

例 10　We are investing $150 million on ***community*** grants and support to help more Americans. —Capital One

例 11　Our ***team*** members are our most valuable resource. —Wells Fargo

A5.1+++［评价：好］在两国企业身份话语建构中均出现，高频词为 best、excellent、top 等评价性形容词，是对企业自我身份最直接的积极建构，且在中国企业身份话语中出现较多且排名靠前（分别排名 10、13、17），而在美企概况中排名第 13 和 27 位。细查其索引搭配发现，中国企业主要用于呈现企业行业领先地位，搭配词为 best bank/company/partner（如例 12）；而美国企业则注重呈现 best people/team/workplace/care/employer 等（如例 13），用以展示企业重视关怀员工个体发展、团队协作及工作环境等，企业更为突出其优秀员工团队等企业软实力，突出建构企业“最佳雇主”身份。两国企业均通过引述第三方机构的积极评价（如行业排名、获奖情况）证实其行业地位、凸显企业竞争力，同时使建构的企业身份“有据可循、有源可溯”（乌楠、张敬源，2019：226）。这也体现出企业身份话语本身的促销性，通过积极正面的自我评价与引述第三方评价机构对企业的积极他方评价赢得受众信任。

例 12　The Bank was awarded the title of the “***Best*** Corporate Bank in China” by Global Finance... —ICBC

例 13　Forbes names U.S. Bank one of the 2020 ***Best*** Employers for Women. —U.S. Bank

语义域 A1.8+［包含］中，中企的高频词为 comprehensive，如 comprehensive strategy/risk management 等，用以呈现企业“全面经营策略”及“风险管控能力”，而美企的高频词为 inclusion、involvement、inclusive 等多用以介绍企业包容多元的企业文化，包括对女性员工（Female）、少数族裔（Minority）、丧失行动能力群体（Disabled）以及退役军人（Veteran）等不同背景的员工多样性的关怀（如例 14、15），其中“diversity＆/and inclusion (inclusive)”出现 119 次，可见美企通过强调文化多元性与包容性表达企业尊重与关怀员工。这一发现与高学贤、郑海东（2017）针对中美食品企业网站中社会责任沟通的分析结果一致，美企较为凸显员工关怀，这可能与美国多元民族文化的国情相关。同时美企还详细介绍提升企业文化多元性与包容性的具体项目（如例 16），增强了信息的可信度。从文化角度解读，美国属个人主义文化（Hofstede et al., 2010: 97），受此影响，美企较重视员工个体利益，通过呈现具体员工活动及企业文化展示企业对员工利益的重视。

例 14　We will continue to implement our diversity and ***inclusion*** strategy to further increase the number of ***women*** in senior management positions. —Northern Trust

例 15　The firm is recognized for successfully mainstreaming disability ***inclusion*** in its European workplace. —J.P. Morgan

例 16　Regions’ ***diversity and inclusion initiatives and activities*** include

HBCU-Regions Partnership，INROADS… —Regions

此外，两国企业还使用语义域 Y2［信息技术与计算］介绍其网上银行、线上服务等，使用 website、digital、mobile banking、online banking 等高频词展示企业多样化、便捷的服务，有助于建构企业“与时俱进，不断创新”的身份类型，从而赢得受众的良好形象感知。

综上可见，两国银行虽在描述企业基本信息时存在共有语义域，均倾向于介绍企业产品服务、所获荣誉排名进而显示其行业地位，同时均强调风险管控，但在共有语义域中使用的高频词存在一定差异，中国企业倾向于介绍“业务分布”“经营策略”“管理层级”等彰显企业能力的内容，而美国企业则重视展示企业“多元文化”“社区贡献”“员工关怀”等突出企业履行社会责任的内容。

（2）中美企业文本身份话语特有主题语义域

梳理两国企业特有语义域并细察各语义域的高频词及搭配索引（分别见表 5.3、表 5.4），由表 5.3 中企身份话语特有语义域发现，中企重在呈现“发展历程”，常使用语义域 T1.3［时间：阶段］、A2.1+［改变］及 N1［数字］呈现企业发展历程，彰显企业悠久历史（如例 17），在中国传统文化中，企业悠久的历史变革是企业实力的象征。此外，中国企业身份话语中语义域 Z2［地理名词］、Z3［其他专有名词］较为突出，一方面源于银行名称多以地理位置命名；另一方面中企倾向于提及大学名称、学历学位及职务名称等专有名词用以介绍领导人的履历。如例 18 中企详细介绍领导人教育背景以突出其权威地位和身份，中企身份话语中对“领导者履历”这一话语主题较为突出，通过介绍其教育背景及履职经历突出其领导能力；而美企中则无相关内容。

例 17　Industrial and Commercial Bank of China was established on ***1 January 1984***. —ICBC

例 18　He obtained his bachelor’s degree in infrastructure finance and credit from Liaoning Finance and Economics College in 1984 and an ***EMBA*** degree from ***Peking University*** in 2010. —China Construction Bank

同样表 5.3 中显示的中企身份话语中语义域 P1[教育]的高频词 professor，MBA，master 等均用于介绍领导者的教育经历。语义域 I3.2［工作与雇佣：专业性］看似反映员工相关内容，实则介绍领导者职务，高频词为 accountant（出现 39 次）、secretary（出现 53 次），与上述语义域 P1［教育］类似，均用以介绍领导者相关资质及履职经历（例 19），用以展示领导者能力，树立其权威身份。

例 19　Mr. Wang is a senior ***accountant***. He graduated from Hubei Institute of Finance and Economic. —China Development Bank

表 5.3　中国企业身份话语特有语义域及高频词

中企特有语义域	排名	高频词
T1.3: Time: Period	9	January、decade、years、period
Z2: Geographical names	11	bank、China
A2.1+: Change	12	development、reform
Z3: Other proper names	16	Bank of China、IPO
I3.2: Work and employment: Professionalism	18	accountant、secretary
G1.1: Government	19	government、state council
A15-: Danger	20	risk
P1: Education in general	28	professor、MBA
N1: Numbers	29	1997、billion

语义域 G1.1［政府］也是中企身份话语特有的语义域，高频词为 state-owned、state council、government 等，这与史兴松、单晓晖（2019）的研究结果一致，该语义域主要介绍企业性质及政府支持（例 20）。Tian（2008）指出政府关系是权力距离文化的标志，中国属高权力距离文化（Hofstede et al., 2010），中企相对更强调与政府的关系，政府背书与支持是企业实力的表现。此外，此语义域中中国企业使用较多具有中国特色类名词，如 CPC central committee、State Council、Scientific Outlook on Development 等，均用于呈现企业将自身发展与国家发展战略相结合，突出企业贯彻执行国家战略方针的

责任担当者身份。这一发现与邓鹂鸣、周韵（2020）针对企业社会责任报告中的企业身份研究结果一致，中国企业倾向于引用国家政策纲领，建构企业拥党爱国的身份。但从国外受众视角来看，中国文化语境下的“特殊话语”较难被目标读者理解（吴建、张韵菲，2011），一定程度上会影响中国企业实现从理想的企业话语自我身份建构到受众形象感知的转变。

例 20　Under the correct guidance of local ***government***, and provincial, municipal cooperative union, with huge support of People's Bank of China, it has deeply studied and practiced the ***Scientific Outlook on Development***... —Qingdao Rural Commercial Bank

相比而言，美企特有主题语义域（见表 5.4）表现为：I3.1［工作与雇佣：普通］、A6.3+［比较：变化的］分别从工作环境及企业文化两方面突出“员工关怀”（例 21）。美企概况还突出“环境保护”（W5［环保］，排名 11），而该语义域在中企中凸显度较低（排名 45），可见美企更重视展现其环境保护与可持续发展理念（例 22）。

例 21　We value our differences and work together to create a ***diverse*** and inclusive ***workplace*** where everyone can contribute to the success of our company. —PNC

例 22　We offer programs and benefits that help employees become better ***environmental*** stewards. —Bank of America

表 5.4　美国企业身份话语特有语义域及高频词

美企特有语义域	排名	高频词
I3.1: Work and employment: Generally	7	employees、workplace
A6.3+: Comparing: Varied	9	diversity、variety
W5: Green issues	11	environment、conservation
A9-: Giving	14	provide、offer、donate、volunteer
X2.2+: Knowledgeable	15	expertise、know、recognize
S3.1: Personal relationship: General	17	associates、partner、relationship
A11.1+: Important	18	important

续表

美企特有语义域	排名	高频词
X5.1+: Attentive	19	focus、attention
S1.2.5+: Tough/strong	20	strength、strong、resilient
X9.2+: Success	21	succeed、thrive
L1+: Alive	23	life、lives

语义域 A9-［给予］在美国企业概况中出现较多，高频词为 provide、offer、donate、volunteer 等实义动词，主要用于描述企业给员工、消费者、社区等受益者提供服务的活动（例 23），凸显企业作为社会贡献者的身份。语义域 L1+［活着］中高频词为 life 和 lives，一方面展示企业文化包容性及多元性（如 a wide variety of life experiences）；另一方面则呈现企业意图提升客户、员工及当地社区生活质量的愿景（如：making life better for...）。

例 23　Each year，thousands of employees ***volunteer*** to build，renovate，paint，or repair hundreds of affordable homes... —Wells Fargo

语义域 A1.1+［重要］、X5.1+［专注的］高频词分别为 important、focus on 等主要反映企业发展理念，对其索引分析发现企业突出其对员工、环境、社区（如例 24）、客户、社会慈善等的关注，体现企业可持续发展的理念。

例 24　We're ***focused*** on the needs of the communities where we operate. —Wells Fargo

语义域 S1.2.5+［坚韧；强劲的］是美国企业身份话语中最为直观的对企业身份进行积极建构的语义域，高频词为 strong、strengthen、resilient，索引分析发现具体搭配词包括 strong culture/relationship/governance/discipline，美国企业用以积极评价其企业文化、客户关系、严格管理等企业自身能力。这一发现与 Breeze（2018）针对金融企业年报语义域的研究发现一致，金融企业倾向于凸显其更为动态或阳刚（masculine）的身份类型。

语义域 S3.1［个人关系：普通］高频词为 meet the needs、relationship、

partner 等，搭配对象为 customers、non-profit organization、supplier、employees、community 等，美国企业用以展示企业重视与客户、非营利性组织、供应商、社区以及员工之间的关系维护（例 25）。这一发现与 Sun 和 Jiang（2014）针对中美企业使命宣言中的隐喻对比研究结果一致，美国企业倾向于突出语义域 S3.1［个人关系］，高频使用 partner，突出建构其合作者身份。

例 25　We place a high value on the ***relationships*** we form with our suppliers. —Capital One

综上所述，与共有语义域相似，上文特有语义域及其高频词同样反映出中美企业在身份建构中因文化差异呈现出的话语主题存在差异。中企着重突出企业“发展历程”“领导者履历”“服务国家战略”等话语主题，重在突出企业实力及拥护国家政策，而美企重在强调“多元文化”“员工关怀”“社区服务”“环境保护”“服务社会”以及“公众关系维护”等话语主题，重在突出企业服务社会的可持续发展理念。

5.1.2　中美企业文本话语沟通策略分析

上文针对两国企业文本身份话语的主题语义域分析为进一步探讨两国企业沟通策略及建构的身份类型分析提供了重要观察视点。Kim 和 Rader（2010）基于企业沟通内容将沟通策略归类为企业能力策略（Corporate ability strategy）、企业社会责任策略（Corporate social responsibility strategy）及混合沟通策略（Hybrid strategy）。基于中美银行企业身份话语的共有及特有主题语义域，梳理其高频词及搭配索引，发现其语义域中既包含企业能力信息，也包含企业社会责任信息，说明两国企业均采用了混合式沟通策略，但侧重点存在较大差异。

（1）中企文本身份话语沟通策略

表 5.5 梳理了中国企业身份话语主题语义域所反映的企业能力沟通策略与企业社会责任沟通策略。由表 5.5 可见，中国企业更侧重企业能力沟通策略，从多方面突出企业实力，如通过介绍其产品服务、业务分布、行业地位、

悠久历史、风险管控等直观呈现企业实力。语义域 A5.1+++［评价：良好］，使用 best、excellent 等积极评价语展示企业竞争力；在中企身份话语中更为凸显、使用更多（排名第 10 位）。企业还着重介绍其组织架构、领导人履历及企业发展历程，上述介绍仍旧旨在凸显企业管理有序、历史悠久的特点。从文化视角解读，在中国高权力距离文化中，企业管理层级分明、享有悠久历史都是企业实力的象征（史兴松、程霞，2021）。此外，企业还强调其风险管控能力，意在突出企业产品、服务的安全性及企业经营的稳健性，这对消解客户担忧至关重要（史兴松、单晓晖，2019）。

表 5.5　中国企业文本身份话语沟通策略分析

企业沟通策略	语义域分布	高频词/短语	话语主题
企业能力策略	I2.1［商业：普通］，I1.1［金钱与支付］，I2.2［商务：销售］，Y2［信息技术与计算］	financial、commercial、asset	产品服务
	S5+［属于某群体］，A1.8+［包含］	branch、comprehensive、integrated、include	业务分布
	A5.1+++［评价：良好］	best、excellent	行业地位
	S7.1+［权力］，M7：［地方］	board、committee	组织架构
	I3.2［工作与雇佣：专业］，P1［教育］	accountant、secretary、MBA	领导人履历
	T1.3［时间：阶段］，A2.1+［改变］，N1［数字］	development、decade、billion	发展历程
	A15-［危险］	Risk	风险管控
企业社会责任策略	S8+［帮助］	service、support、help、serve	社会服务

中国企业身份话语前三十个语义域中，只有一个语义域 S8+［帮助］明显呈现企业社会责任，其余均直接或间接地宣传企业能力。语义域 S8+［帮助］的高频词为 service、serve、support、charity 等，企业用以展示其服务社会的企业社会责任，如例 26 中国工商银行展示了其支持国家精准扶贫战略，保护环境，履行企业社会责任。

例 26　The Bank has been consciously integrating the social responsibilities with its development strategy...***supporting*** targeted poverty relief，protecting environment... —Industrial and Commercial Bank of China

同时，对语义域 S8+［帮助］进行索引，发现其大量高频词不仅仅用以展示企业社会责任，还用于宣传企业能力。如高频词 serve（出现 363 次）除了用以表示企业服务这一行为之外（例 27），一半以上（210 次）以短语形式 serve as 出现，用以描述领导者担任职位、履职经历（例 28）。与例 26 相似，例 27 中中国企业呈现的服务对象并非具体的消费者、员工或社区等，而是国家战略（如 three critical battles）、实体经济（real economy）；three critical battles 是指党的十九大报告中提出的“防范化解重大风险、精准脱贫、污染防治”三大关键任务。正如上文针对中国企业文本身份话语语义域分析发现，中企较多使用具有中国特色的词汇如 targeted poverty relief、three critical battles 等表示国家发展战略相关词汇，建构中国企业贯彻国家发展方针、政策的责任担当；但对于缺少相关文化背景知识的国外受众而言，也许很难理解和感知企业试图传达的社会责任行为。这一发现再次证实了中企外宣身份话语建构实质也是文化重构的过程，中企有必要针对国外受众对其外宣英译文本进行一定的跨文化调适，删除或改写具有浓厚文化色彩的信息内容（卢小军，2012），从而提升其企业身份话语的沟通效果。语义域 S8+［帮助］中高频词 serve 还用以描述领导者履职经历，如例 28 中企对领导者历任职位的描述旨在突出其管理经验丰富，能够胜任所任职务，从而建构领导者权威身份及企业管理有序的自我形象。从企业沟通策略而言，针对领导者能力的描述仍旧属企业能力范畴。

例 27　We will optimize the supply of financial resources, actively ***serve*** the “***three critical battles***”, ***serve*** the development of the ***real economy***. —Bank of China

例 28　Mr. Tian has ***served*** as chairman and executive director...since 2017... —China Construction Bank

综上，中国企业更倾向于企业能力沟通策略，强调其行业地位、业务分布、组织架构及领导者能力，展现企业雄厚实力，力争从理性认知层面赢得受众信赖（Liu＆Wu, 2015），突出企业竞争力。相对而言，中国企业对企业社会责任内容呈现较少，且呈现的服务对象相对宏观、抽象，如服务于“地方经济”“实体经济”“扶贫政策”“农村发展”等，这一发现与史兴松、单晓辉（2019）对中美企业网站跨文化研究结果一致，可见我国企业外宣话语在履行企业社会责任信息阐述方面仍有提升空间。

（2）美企文本身份话语沟通策略

相比而言，美企文本身份话语沟通的主题内容更侧重突出企业社会责任，表 5.6 梳理了美国银行企业身份话语突出的主题语义域、话语主题所反映的企业沟通策略。

由表 5.6 可见，美国企业更倾向于企业社会责任沟通策略，突出企业社会贡献、社会服务、员工关怀、环境保护、多元文化及客户关系等话语主题。美企身份话语重视突出对多种利益相关者的关怀，使用与员工、社区及环境相关的语义域，如 I3.1［工作与雇佣：普通］、S5+［属于某群体］及 W5［环保］分别反映企业“关怀员工”“服务社区”及“保护环境”，从多方面直观描述企业履行的社会责任。语义域 A1.8+［包含］、A6.3+［比较：变化的］的高频词“Diversity＆Inclusion”呈现美企多元、包容型文化，仍表现出企业注重履行对员工的社会责任。

表 5.6　美国企业文本身份话语沟通策略分析

企业沟通策略	语义域分布	高频词/短语	话语主题
企业社会责任策略	S8+［帮助］，A9-［给予］	service、support、offer、donate	社会贡献
	S5+［属于某群体］	community、team	社区服务
	I3.1［工作与雇佣：普通］，S7.1+［权力］，A5.1+++［评价：良好］	workplace、lead yourself	员工关怀
	W5［环保］	environmental sustainability	环境保护

续表

企业沟通策略	语义域分布	高频词/短语	话语主题
企业社会责任策略	A6.3+［比较：变化］，A1.8+［包含］	diversity & inclusion	多元文化
	A11.1+［重要］，X5.1+［专注的］	focus on、important	企业理念
	S3.1［个人关系：普通］	relationship、partner	客户关系
企业能力策略	I2.1［商业：普通］，I1.1［金钱与支付］，I2.2［商务：销售］，Y2［信息技术与计算］	financial、commercial、asset、digital、online	产品服务
	S1.2.5+［坚韧，强劲的］，A5.1+++［评价：良好］，X2.2+［知识渊博的］	strong、resilient、excellent、expertise	业务能力

语义域 A11.1+［重要］、X5.1+［专注的］看似对企业能力的描述，然而索引发现其高频词为 focus、important，描述的主要内容为企业“客户至上、重视环保”等可持续发展的理念（如例 29），仍旧为企业社会责任沟通策略。语义域 S3.1［个人关系：普通］则用以描述企业重视与供应商、客户等关系维护，仍旧意在突出其对各利益相关者的重视。

例 29　We fulfill this purpose through our commitment to responsible growth, which includes a ***focus on*** environmental, social and governance (ESG) leadership. —Bank of America

美企网站中披露的企业社会责任信息较为丰富，除了主题语义域分析发现的员工多元文化、社区贡献、环境保护、客户关系等话语主题外，美企还表现出对社会问题的关注，如全球性疫情、Black Lives Matter（BLA）运动。在美国企业文本身份话语语料库中检索发现疫情相关词汇出现较多，其中 COVID-19（出现 71 次）、pandemic（57）次、virus（35 次）及 Coronavirus（25 次），主要内容为疫情对客户、员工、社区等造成的影响以及企业相应采取的应对举措等相关话题（如例 30）。相比而言，中国企业身份话语语料库中疫情相关词汇仅出现 4 次（仅两家中国企业提及，如例 31）；而对社会时事等事件的关注一方面彰显企业履行社会责任的担当，另一方面能够唤起受众的情感共鸣与信赖。美企重视对企业社会责任行为的披露，可能源于立法、非政府组织及其他监管部门等外部压力（Coupland, 2005），同时企业社会责任披露已成为西方国家企业建立其企业公民（corporate citizenship）身份的重要策略（Lee et al., 2006；Pan & Xu, 2009）。

例 30　For customers experiencing hardships related to ***COVID-19***，Wells Fargo has suspended residential property foreclosure sales, and evictions. —Wells Fargo

例 31　In response to the outbreak of the ***COVID-19 epidemic*** in early 2020, Minsheng Bank promptly donated money and necessary items... —Minsheng Bank

美国企业身份话语前三十个语义域中，除了呈现企业产品服务相关语义域外，只有语义域 A5.1+++［评价：良好］、S1.2.5+［坚韧，强劲的］、X2.2+［知识渊博的］直观反映企业能力信息，但相关表述并不凸显（排名第 13、19、20 位），细查索引发现主要搭配短语包括 best people/team/workplace/care/employer、strong culture/relationship/governance/discipline、know the risk well 等，可见美企倾向于突出企业最佳雇主身份，以及企业管理、企业文化及企业风险感知能力等软实力。

综上，美国企业更倾向于企业社会责任沟通策略，强调突出其关怀员工、服务社区、保护环境的企业履责信息，以期获得受众的情感信赖，从情感诉求（affective appeals）方面引起读者共鸣（Liu & Wu, 2015）。相对而言，企业能力策略使用较少，且美企倾向于突出其员工关怀能力，感知风险及客户关系维护等企业软实力，这一发现与 Sun 和 Jiang（2014）的研究发现一致，即美国企业倾向于以合作为导向，重视维护与各利益相关者的关系。

5.1.3　中美企业文本话语建构的身份对比

上述主题语义域与身份话语的沟通策略分析为进一步对比两国银行企业建构的身份类型奠定了重要基础。本节将综合上文对两国企业的主题语义域及沟通策略分析结果，进一步对各语义域进行索引与反复核验，结合上下文语境对其反映的主题进行归纳，进而剖析两国企业突出建构的身份类型（如表 5.7、表 5.8 所示）。

如表 5.7 所示，中国银行企业建构的身份类型大致归纳为三类：（1）历史悠久、管理层级分明的服务提供者，详细介绍企业的发展历程、管理层级及具体业务类型；（2）业务分布广泛、管控风险的行业领导者，主要突出企业“业务分布、行业地位及风险管控能力”等话语主题建构其作为行业领导者的身份类型；（3）贯彻国家战略、服务地方经济的责任担当者，通过描述企业战略及具体企业活动展示企业服务地方经济及国家发展；其中第一种与第二种身份类型表现更为突出，且均为企业能力的重要体现，再次印证了中企侧重企业能力沟通策略，通过突出发展历程、行业排名、管理层级及业务分布等话语主题建构企业作为行业领导者的重要身份，而针对企业的社会责任呈现相对较少。

表 5.7　中国企业身份类型分布

语义域分布	高频词/短语	主题类型	身份类型
I2.1［商业：普通］，I1.1［金钱与支付］，I2.2［商务：销售］，Y2［信息技术与计算］	financial、commercial、asset	业务介绍	历史悠久、管理层级分明的服务提供者
T1.3［时间：阶段］，A2.1+［改变］，N1［数字］	development、decade、billion	发展历程	
S7.1+［权力］，M7：［地方］	board、committee	管理层级	
I3.2［工作与雇佣：专业］，P1［教育］	accountant、secretary、MBA	领导人能力	
S5+［属于某群体］，A1.8+［包含］	branch、comprehensive、integrated、include	业务分布	业务分布广泛、管控风险的行业领导者
A5.1+++［评价：良好］	best、excellent	行业地位	
A15-［危险］	Risk	风险管理	
G1.1［政府］	government、state council	企业性质	贯彻国家战略、服务地方经济的责任担当者
S8+［帮助］	service、support、help	企业服务	

相比而言，由表 5.8 所示，美国银行企业侧重企业社会责任沟通策略，建构的身份类型包括：（1）业务能力过硬的服务提供者，使用 strong、resilient 等积极评价性形容词直观评价企业业务能力，同时通过对企业业务、企业服务类型等相关介绍突出企业作为服务提供者的主要身份类型；（2）关怀员工、服务社区、保护环境的社会贡献者：美企身份话语中较为重视对企业社会责任相关活动介绍，包括描述员工工作环境、社区活动及环境保护等具体活动，从而建构企业作为社会贡献者的身份类型；（3）追求可持续发展理念、维护关系的合作者：美企侧重描述与客户间的同伴关系及企业的可持续发展理念，侧重将企业建构为合作者。

表 5.8　美国企业身份类型分布

语义域分布	高频词/短语	主题类型	身份类型
I2.1［商业：普通］，I1.1［金钱与支付］，I2.2［商务：销售］，Y2［信息技术与计算］	financial、commercial、asset、digital、online	业务介绍	业务能力过硬的服务提供者
S8+［帮助］	service、support	企业服务	
S1.2.5+［坚韧，强劲的］，A5.1+++［评价：良好］，X2.2+［知识渊博的］	strong、resilient、excellent、expertise	业务能力	
S5+［属于某群体］	community、team	社区服务	关怀员工、服务社区、保护环境的社会贡献者
I3.1［工作与雇佣：普通］，S7.1+［权力］，A5.1+++［评价：良好］	workplace、lead yourself	员工关怀	
W5：［环保］	environmental sustainability	环境保护	
A6.3+［比较：变化］，A1.8+［包含］	diversity＆inclusion	多元文化	
A9-［给予］	offer、donate	社会贡献	
A11.1+［重要］，X5.1+［专注的］	focus on、important	企业理念	追求可持续发展理念、维护关系的合作者
S3.1［个人关系：普通］	relationship、partner	客户关系	

总体而言，尽管两国企业均重视建构其作为服务提供者的主要身份类型，介绍企业产品服务、业务分布等；但两国企业建构的身份类型侧重不同。中企重视突出其雄厚实力，建构企业“行业领导者”及“贯彻国家战略的责任担当者”；而美企则更重视突出企业的社会责任，建构企业作为“社会贡献者”身份与“合作者身份”。从文化视角解读，中国受高权力距离文化影响，注重对管理层级、领导者履历以及企业发展历程的介绍；同时受集体主义文化影响，中国企业注重突出呈现企业国家归属、政府引导，积极贯彻国家发展战略、服务地方经济的责任担当。受美国个人主义文化、权力距离意识较低的文化影响，美企身份话语中则突出“多元文化、员工关怀、社区服务、社会慈善、环境保护”相关话语主题，重视员工的个体利益，强调员工与领导间的平等地位；同时突出企业可持续发展理念、社会服务活动及客户关系维护。

5.2　中美企业图片身份话语的主题对比

5.2.1　中美企业网站图片话语主题- 多模态话语分析

企业网站是一种超媒体（hypermedia），网站中的意义建构是文本、图片、超链接等多模态话语符号互动的结果（Lemke, 1999），借助多模态话语分析方法能够揭示图片中文本、视觉等话语符号如何通过互动进行意义建构（Zhang＆O’Halloran, 2012）。除了上文探讨的文本身份话语建构外，网站中展现的图片具有主体选择性与策略性，同样能够反映企业试图建构的身份类型（Cheng, 2016）。网站图片更能吸引受众注意力，提升信息的可信度，并引起受众的情感共鸣（Cheng, 2016；Hamid, 2017）。因此本节将采用多模态话语分析法对两国企业网站首页与概况页中的图片身份话语进行分析，着重探讨图片反映的话语主题与参与者（actors）类型，从而揭示企业试图建构的身份类型。中美两国样本企业图片身份话语语料库中分别包含美企图片 141 张、中企 122 张。首先对图片参与者及图片主题进行定量统计，随后定性探讨两国企业图片的意义建构方式。将定量统计与定性分析相结合的混合研究范式是企业身份研究的恰当方法（Koller, 2007；PAD research group, 2016），其中直观定量呈现其图片主题及参与者分布能够为后续更为细致的定性分析提供研究视点（Van de Mieroop, 2007）。

图片参与者由图片呈现的主体直观呈现，可分为非人物类参与者与人物类参与者。其中非人物类参与者涉及企业建筑、自然风景、数据表格等；人物类参与者涉及员工、领导者、社区成员、客户及其他受益者等，其他受益者指除社区成员外诸如毕业生、女性企业家、退役军人等其他受益者。图片话语主题主要依据图片中具体展现的服务对象及内容进行分类，并结合上文文本身份话语突出的话语主题进行归纳，首先两位编码员采用开放式编码分别对 15%图片（22 张美企图片/19 张中企图片）进行预编码（Michelson& Álvarez Valencia, 2016），然后协商讨论进一步对编码结果进行归纳，将相似主题内容归为一类，直至达成一致意见，并进行正式编码，最终得出图片话语主题涉及客户服务、员工服务、社会服务、环境保护、供应商服务、业务分布、企业简介信息、行业地位、组织架构等。中美企业图片参与者与主题分析结果分别见表 5.9、表 5.10，总体而言，美企网站首页与企业概况页中图片使用更多（141: 122），这也符合 Gillian（2001: 6）的观点，即“视觉表征已成为当代西方社会生活文化建构的核心”。从文化视角解读，Shi 和 Xu（2020）指出“图片导向（graphic orientation）”是个人主义文化的表现，美企受个人主义文化影响，网站中图片使用更为丰富。下文将详细对比中美两国企业图片身份话语主题、参与者及其建构的身份类型。

（1）中国企业图片多模态话语分析

表 5.9 可见中企网站中图片参与者较为多元化，主要包括企业建筑、象征物、员工、客户、社会人员、领导者等 11 种；其中非人物类参与者占比更多，为 52.5%，包括企业建筑、象征物、荣誉排名、财务表格、地图等。象征物主要指诸如帆船、卡通人物、鼎、雄鹰、长城等具有象征意义的非人物

类参与者。人物类参与者包括员工、客户、领导者及社会人员。图片主题涉及客户服务、企业简介信息、行业地位、社会服务、企业精神（价值观）、环境保护、财务信息及投资者服务等 11 种，其中客户服务、企业简介信息及行业地位是中企图片身份话语最为突出的话语主题。

表 5.9　中国企业网站图片参与者与主题分析

参与者类型	中国企业（n/%）	图片主题	中国企业（n/%）
企业建筑	26（21.3%）	客户服务	45（36.9%）
象征物（帆船、鼎等）	24（19.7%）	企业简介信息	16（13.1%）
员工	18（14.8%）	行业地位	14（11.5%）
客户	17（13.9%）	社会服务	10（8.2%）
社会人员	8（6.6%）	企业精神	10（8.2%）
员工+客户	7（5.7%）	环境保护	6（4.9%）
荣誉排名	7（5.7%）	财务信息	6（4.9%）
财务表格	5（4.1%）	投资者服务	6（4.9%）
员工+社会人员	4（3.3%）	组织架构	5（4.1%）
领导者	4（3.3%）	业务分布	3（2.5%）
地图	2（1.6%）	企业历史	1（0.8%）

企业建筑是中企网站图片中凸显度最高的参与者（占比 21.3%），如图 5.3 呈现的华夏银行网站图片，按照 Kress 和 van Leeuwen（1996）提出的视觉语法功能解读，图片主题属再现意义（representational meaning）的体现，图 5.3 所示的图片再现意义属概念再现，图片参与者-企业建筑静态矗立在远处，辅以文字 We work wholeheartedly for you 似乎是建筑的自我陈述，象征企业“全心全意服务客户”的价值观。就图片互动意义而言，图片可通过接触、社会距离与态度表达与受众间的行为关系（索取与提供行为）与远近亲属关系，具体体现在图片参与者的眼神、拍摄镜头与视角等（Kress＆van Leeuwen, 1996: 148-149）。远景拍摄表征较远的身体距离进而映射出读者与企业间较为

疏远的社会距离（冯德正、赵秀凤，2017）。图 5.3 以远景拍摄，同时观看者需仰视企业建筑，象征企业与观众之间不平等的社会地位，突出企业权威。企业建筑作为重要图片参与者，一方面象征企业权威与雄厚实力，另一方面用以引出企业价值观、服务理念等简介信息。对比美企图片参与者发现，美企网站同样重视对企业建筑的呈现，但在使用频次上，中企网站图片中企业建筑较美企图片出现更为频繁（21.3%：13.5%）。网站中呈现的办公大楼等建筑图片是高权力距离文化的重要标志（Marcus＆Gould, 2000；Capece＆Di Pillo, 2021），中国在权力距离文化维度上得分较高（Hofstede et al., 2010），受此影响，中企网站中企业建筑类图片出现更为频繁。

图 5.3 中国企业网站图片参与者－企业建筑（来源：华夏银行英文官网）

中企图片中非人物类参与者还包括如帆船、雄鹰等具有重要象征意义的主体，同时图片中还呈现出鲜明的中国文化元素，如鼎（甘肃银行网站）、刺绣（江苏银行网站）、长城（青岛农商银行网站）、迎客松（安徽银行网站）等。如图 5.4 所示，甘肃银行英文官网图片中呈现的“鼎”“雄鹰”及“飞天”均具有重要象征意义，图片再现意义仍属概念再现，主要通过图片参与主体单向传达其象征内涵，互动意义较弱。“鼎”在中国传统文化中被视为国之重器，是地位尊贵、繁荣昌盛的象征，同时也代表中国企业言出必行的诚信精神；图片中“雄鹰”“敦煌飞天”分别代表企业“不畏艰险、勇往直前”的精神及甘肃地方优秀文化；可见中国银行企业在外宣身份建构中一方面宣传其“志存高远、不断进取”的企业精神，同时期望突出企业服务地方的企业身份，与文本身份话语主题分析发现一致，中企重视突出其服务地方经济的责任担当。对比美企图片中的非人物类参与者发现，中企网站图片中呈现的国家相关象征符号较多，这一发现与 Singh et al.（2005）的研究结果一致，他们强调这与中国属集体主义文化（Hofstede et al., 2010）有关，受此影响，中企网站图片中使用的诸如长城、鼎、飞天等象征国家、地方文化的非人物类参与者较多，突出企业的地方及国家归属。从图片意义建构方式来看，中企图片倾向于采用抽象间接的表达形式，要求读者具备相应的中国文化背景知识，才能实现对图片意义的解构，这与中国属高语境文化（Hall, 1976）有关，企业在视觉意义传达方式较为含蓄，相关信息并非直接编码于图片，而需依赖语境与交际者的背景知识对图片意义进行解读（Würtz, 2006）。

图 5.4　中国企业网站图片中非人物类参与者-象征物（来源：甘肃银行英文官网）

中企网站图片中的人物类参与者占比 47.5%，主要包括员工、客户、社会人员及领导者，员工占比最多，多用以呈现企业文化氛围、团队合作能力及社会服务活动等话语主题。如图 5.5 呈现的中企员工面带微笑，正在讨论相关业务，图片表达的再现意义属叙事再现，员工眼神与其手臂形成矢量，代表动作过程；中企图片中的员工被塑造为服务提供者，西装革履突出其提供服务的专业性。从图片互动意义而言，员工与受众间并无眼神接触，受众从“旁观视角”观察图片（Painter et al., 2013），而非直接与图片中员工形成“提供”（offer）或“索取”（demand）的眼神接触（Kress & van Leeuwen, 1996），同时图片拍摄镜头相对美企网站中员工拍摄视角较远，图片与受众的关系距离相对较远。

图 5.5　中国企业网站图片参与者 – 员工（来源：中国建设银行英文官网）

此外，中企网站中呈现的领导者用以表达企业组织架构这一话语主题（占比 4.1%），图片中领导者多以西装革履、不苟言笑、表情严肃的正装照片呈现，且按照职位高低依次纵向排列，凸显其管理层级性。除了呈现领导者图片外，部分企业呈现的“组织架构”以树状形式呈现，如图 5.6 所示，中国银行以树状图形式呈现其机构设置，树状结构体现的等级性更为明显（Kress & van Leeuwen, 1996: 81），与文本身份话语分析结果一致，中企网站图片倾向

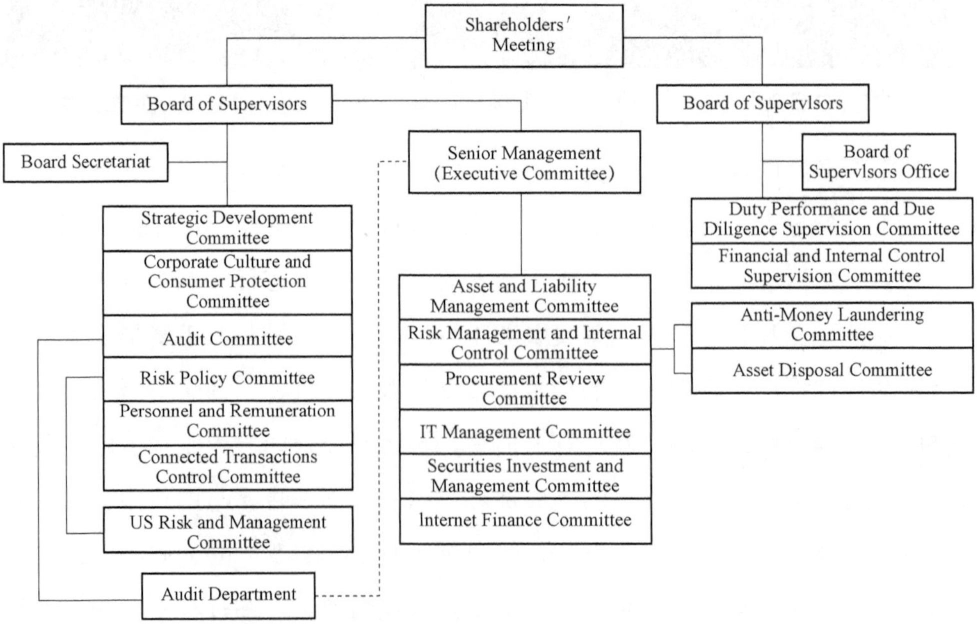

图 5.6　中国企业网站图片主题 – 组织架构（来源：中国银行官网）

于建构企业管理层级分明的权威身份。这一发现与单晓晖（2019）针对企业网站跨文化沟通研究结果一致，受中国高权力距离文化的影响，中企图片更为凸显企业管理层级及领导者权威，领导者与受众间社会距离较大。此外，这一差异还可能源于中国样本企业大多为资金雄厚的国有银行，其行业性质致使图片话语侧重于建构权威身份。

就图片主题而言，中企网站最为突出“客户服务”，包括对企业产品多样性、服务便捷性等内容，突出建构其作为服务提供者的主要身份类型，这一发现与前文针对文本身份话语建构的身份类型分析一致。此外，中企图片还较为突出企业所获奖励与行业排名（占比 5.7%），突出企业行业领先地位，如图 5.7 所示，招商银行网站图片中加粗、红色字体鲜明突出企业的行业排名，与文本身份话语分析结果一致，中企话语通过具体数字突出企业行业地位，展示企业能力；而美企网站图片中无此内容。引述外部机构积极评价属高权力距离文化表征，而中国在权力距离文化维度上得分较之美国更高（80：40）（Hofstede et al., 2010），因此中企网站图片更倾向于引述第三方机构的积极评价来突出其行业地位，凸显企业竞争力。

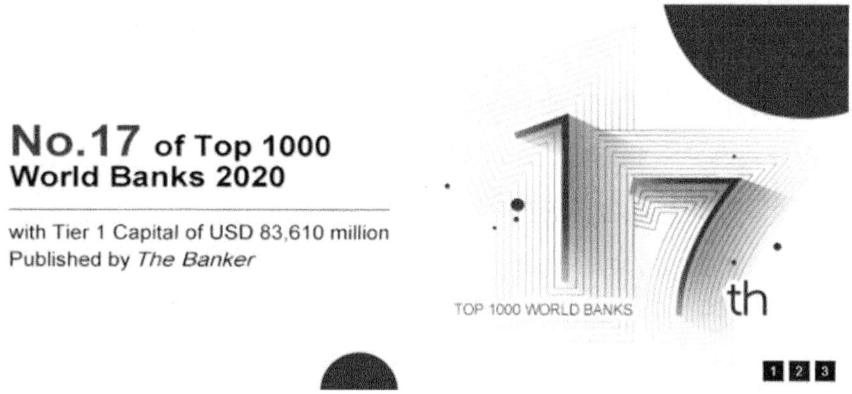

图 5.7　中国企业网站图片主题 – 行业地位（来源：招商银行英文官网）

其他图片主题涉及财务信息（4. 9%）、投资者服务（4. 9%）、组织架构（4. 1%）、业务分布（2. 5%）及企业历史（0. 8%）。其中，财务信息类图片多以财务表格直观呈现企业股价等财务信息，突出企业的行业领先地位。业务分布类图片多以地图形式直观突出企业业务广泛的属性特征。组织架构类图片多以领导者形象或树状组织架构图形式呈现，上述主题均属企业能力相关主题，用以突出中企行业地位领先、业务分布广泛、管理层级分明等企业能力特征。中企图片表达的企业能力类主题较多（总占比达 45. 1%），而企业社会责任类主题较少（仅占 18. 0%），主要涉及社会服务（8. 2%）、环境保护（4. 9%）及投资者服务（4. 9%）。

图片的互动意义具体反映在图片中人物与受众的眼神接触、所有图片的拍摄距离及拍摄视角上。研究进一步对中企图片的互动意义进行分析，具体而言，对人物类图片的眼神接触及所有样本图片的拍摄距离及拍摄视角进行统计分析。研究表明，中企人物类图片以索取类眼神接触为主（占比 64. 7%），图片中员工往往面带微笑，直视受众，这主要源于中企人物类图片主题多以员工面向受众展示企业产品和服务，因此，员工往往直视受众，与受众形成索取类眼神接触，试图获得受众的情感信赖。图片拍摄视角与拍摄距离则分别映射企业与受众间的平等/不平等关系及图片参与者与受众间的远近亲疏关系。就拍摄视角及拍摄距离而言，中企图片主要以仰视（占比 54. 9%）、远景（占比 62. 3%）视角拍摄，多用以呈现企业办公大楼，仰角拍摄映射图片参与主体权力高于受众（Kress & van Leeuwen 2006: 140），用以凸显企业权威地位。从文化视角解读，这一图片特征主要源于中国文化在权力距离文化维度上得分较高，受此影响，中企图片多以仰视拍摄凸显企业权威地位。同时中企图片多以远景拍摄，映射企业与受众间较为疏远的社会距离（Kress & van Leeuwen, 2006: 125），一定程度上受图片主题表达影响，中企图片以非人物类参与者为主，且图片多用以凸显企业实力。

（2）美国企业图片多模态话语分析

美企图片多模态话语分析发现图片主要突出员工、客户、建筑、风景、领导者、社区成员等 9 种参与者类型（见表 5.10），图片主题主要包括客户服务、员工服务、社会服务、企业简介信息、环境保护、业务分布、企业管理及供应商服务等 8 种。不同于中企图片参与者以非人物类参与者为主，美企网站中图片参与者主要以人物类为主，占比 79.4%，包括员工、客户、社区成员、领导者及毕业生等其他受益者。就图片主题而言，美企图片主题最为突出客户服务、员工服务、社会服务等。

表 5.10　美国企业网站图片参与者与主题分析

参与者类型	美国企业（n/%）	图片主题	美国企业（n/%）
员工	46（32.6%）	客户服务	55（39.0%）
客户	24（17%）	员工服务	27（19.1%）
建筑	19（13.5%）	社会服务	25（17.8%）
员工+客户	15（10.6%）	企业简介信息	15（10.6%）
毕业生等其他受益者	15（10.6%）	环境保护	8（5.7%）
风景	8（5.7%）	业务分布	5（3.5%）
领导者	6（4.3%）	组织架构	5（3.5%）
社区成员	6（4.3%）	供应商服务	1（0.8%）
地图	2（1.4%）	—	—

员工是美企网站图片中凸显度最高的参与者（占比 32.6%），员工既被塑造为企业服务的受益者（受益于多元包容的企业文化），同时也是服务提供者，相关图片还呈现员工的志愿服务、社区服务、环境保护等活动。如图 5.8 所示，美企图片呈现不同肤色的员工，凸显企业多元、包容文化及员工的平等地位；员工面带微笑侧面反映员工享受企业的关怀与服务。较之中企图片中塑造的员工形象，美企图片中员工更多被塑造为服务受益者，享受企业提供的平等就业机会、薪酬福利及工作环境等。图片再现意义同样属叙事再现，员工间的眼神形成矢量，代表动作过程；就图片互动意义而言，美企员工图片采用近景、平视视角拍摄，映射受众与企业员工之间较为亲密的社会距离及平等的社会关系，较之中企图片，美企图片互动意义更强。同时图片辅以文字“Our global team embodies the diversity and potential of today’s world. Our dynamic, inclusive environment offers employees opportunities and support to lead, learn, volunteer…”直观明了地解读图片意义，介绍企业员工多元文化背景及企业对员工的关怀。涉及员工的图片主要用以介绍企业多元文化、员工关怀及工作环境等员工服务相关主题，除此之外，美企还重视通过呈现员工参与社会活动突出企业社会服务的话语主题。

图 5.8　美国企业网站图片主题 – 员工服务（多元文化）（来源：BNY Mellon 官网）

客户为美企图片的第二大参与者，占比 17%，如图 5.9 所示，美企 Discover 呈现了客户通过手机端进行操作，直观展示其服务的便捷性。图片采用近景、平视视角拍摄，同时图片中的文字 Your bank at your fingertips 将受众融入图片意义建构中，图片观察者仿佛正是图片中的客户正在体验银行的便捷服务，互动意义较强，容易引起受众的情感共鸣。同时图片中附有超链接，可引导客户下载移动客户端，突出企业服务的便捷性。客户服务是美企图片最突出的话语主题，占比 39.0%，包括对服务的便捷性、多元化及企业客户至上服务理念的宣传；且图片中往往嵌有文字直观呈现图片主题。

图 5.9　美国企业网站图片主题 – 客户服务（服务便捷性）
（来源：Discover 官网）

美企图片中还重视呈现社区成员及其他受益群体，如毕业生、女性企业家、非政府组织、退役军人等，突出企业的社会贡献，网站图片往往呈现企业具体活动项目，展示其对各受益群体的支持与贡献。如图 5.10 所示，美国企业 Ally 官网图片中呈现了社区人员、员工等人物类参与者，各参与者通过矢量相连，反映其正在做某事。这一意义建构方式即为图片的叙事再现功能，对应及物性系统中的动作过程（Kress & van Leeuwen, 2006）。图片中文字对图片内容进行直观描述，与图片相互协作，突出企业的社区贡献，共同建构企业作为社会贡献者的身份。美企在呈现企业社会责任相关活动时常辅以图片、视频等多模态形式，更为生动、直观地向读者展示企业的具体活动，较之纯文字叙述更具劝说性。邓鹂鸣、周韵（2020）指出语图互文是企业身份建构的重要策略，通过契合度较高的语图呈现能够增强话语表达效果，图 5.10 中呈现的美企员工均穿着印有企业 logo 的工作服、手持写有企业名称卡片，员工的具体活动呈现意在建构、营销企业身份；图片下面的文本内容以新闻报道体裁类型（简短标题+文字叙述）直观呈现企业具体活动内容如社区服务、多元文化等，同时图片下方附有超链接，受众可通过链接了解更多详细信息。图片与文本通过语图互文方式更为直观生动地共同建构了美国企业作为积极履行社会责任的贡献者身份。从文化视角解读，图片中社区人员

图 5.10　美国企业网站图片主题 – 社会服务
（图片来源：Ally 企业官网）

等日常活动呈现是低权力距离文化的具体表现（Marcus & Gould, 2000; Capece & Di Pillo, 2021），而美国在权力距离文化维度上得分较低（Hofstede et al., 2010），受此影响，美企图片较重视通过员工活动凸显企业服务社区、保护环境相关主题。相比而言，中企网站中对企业社会责任活动相关内容多以文字形式呈现，图片中凸显的企业社会服务这一话语主题相对较少，占比8.2%（而美企图片主题中社会服务占17.8%）。

与中企图片类似，领导者是美企图片中人物类参与者之一，用以呈现企业“组织架构”这一话语主题。如图5.11所示，美企First Republic Bank呈现了各股东的照片，照片中各股东均以微笑的表情平视读者，似乎在与受众进行眼神与表情沟通。Kress和van Leeuwen（2006）在*Reading Images: The Grammar of Visual Design*一书中阐释图片概念再现意义时指出，概念再现通过图片中参与者相对稳定、持久的状态表征等级分类、结构或意义，与分类过程、分析过程与象征过程有关。就分类过程而言，人物图片的大小、位置分布排列往往能够反映出一种“隐形的分类（Covert Taxonomy）”标准（p.79），如地位高的人物（Superordinate）被置于相对更高位置，地位相对低的成员（Subordinate）则被置于下面位置，受众同样可以察觉这种隐形的等级分类。图片设计者通过对称式构图能够弱化这种等级关系，如图5.11所示，美企在呈现股东成员时试图弱化权威与等级距离，采用大小相同的股东成员照片，以横向水平整齐对称排列。此外，从图片互动意义分析，图5.11以水平视角拍摄，图片中领导者面带微笑平视受众，表达图片成员与受众间平等的关系；同时正面视角表现出更强的参与感（involvement），期望获得受众的情感信赖。各成员头像均采用近镜头取景，表达与受众间亲近的人际关系。图片人物通过眼神、面部表情与受众形成一种接触（contact），实施索取行为（demand），邀请读者受众进入一种与图片设计者（此处为企业）更为亲密的社会关系（Kress & van Leeuwen, 1996: 118）。可见，美企在呈现企业“组织架构”时，有意弱化等级意识，倾向于建构企业与受众间平等、亲密的关系，突出企业具有亲和力的身份类型。这与美国的低权力距离文化是密不可分的（Hofstede et al., 2010），社会成员对不平等权力的容忍度更小，企业试图突出不同管理层级的员工之间、企业与受众间的平等地位。

图 5.11　美国企业网站图片主题－组织架构
（来源：First Republic Bank 官网）

美企图片中非人物类参与者包括企业建筑、风景（如太阳能电池板）及地图（占比 20.6%），分别介绍企业简介信息（如图 5.12 所示）、环境保护及业务分布广泛。图 5.12 中印有企业 logo 的建筑是美企 State Street 的代表，图中文字“We are at the heart of financial services. And our clients are at the heart of everything we do…”将企业建筑拟人化，似乎是企业建筑的自我陈述，直观展示其客户至上的服务理念。美企网站中建筑类参与者占比 13.5%，类似于中企网站图片中的建筑呈现，美企同样通过宏伟建筑彰显企业实力，同时引出企业价值观、服务理念等信息。从图片意义建构方式而言，美企网站图片常常直接嵌有文字说明，对图片内容进行直观描述与阐释，图片参与者与文字互相映射，共同建构图片意义；这与美国属于低语境文化有关（Hall, 1976），受此影响，美企图片意义传达较为直接，读者无需依赖相关背景知识就能解读图片内涵（Würtz, 2006）。

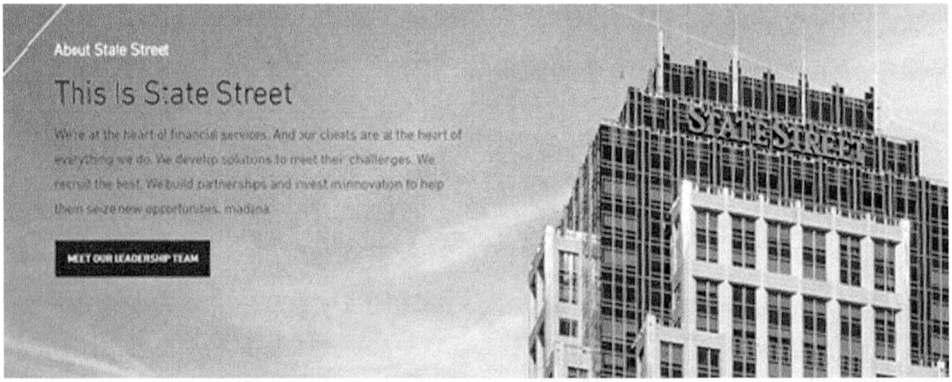

图 5.12　美国企业网站图片主题 – 企业简介信息（企业建筑）
（来源：State Street 官网）

就图片主题而言，美企图片较为重视突出企业社会服务这一主题（总占比 43.4%），具体表现在员工服务（19.1%）、社会服务（17.8%）、环境保护（5.7%）及供应商服务（0.8%）。相关主题主要以企业具体社会服务活动呈现，一定程度上增强了企业履责信息的真实性及说服力。这一发现与文本身份话语分析结果一致，美企较为重视突出企业社会责任类信息。而企业能力相关主题则表现为企业简介信息（10.6%）、业务分布（3.5%）及组织架构（3.5%）。研究进一步对美企图片的互动意义进行分析，具体而言，对人物类图片的眼神接触及所有样本图片的拍摄视角及拍摄距离统计分析发现，美企人物类图片以提供类眼神接触为主（总占比 70.8%）；图片中人物多以群体形式呈现，图片中人物间存在眼神接触，而与受众间则不存在眼神接触，试图表达图片中人物所属同一群体，而与受众则属不同群体。这一特征可能与美企图片主题相关，美企人物类图片主题以员工服务社区活动或企业多元文化为主，因此企业试图突出员工内部团结一致的企业形象，企业图片中人物与受众的眼神接触较少。此外，受个人主义文化影响，美企图片重视突出自身群体内的眼神接触。就拍摄距离和拍摄视角而言，美企图片多以近景（占比 73.8%）、平视（占比 87.9%）视角拍摄，主要用以呈现企业员工服务、社区服务、组织架构等主题。员工服务及社区服务类图片多以近景拍摄的员工照片突出企业多元文化，或以员工从事的服务活动突出企业服务社会的信息。而组织架构类图片多以特写或近景拍摄的领导者照片呈现。特写或近距离拍摄的员工及领导者照片表达图片人物与公众间较为亲密的个人距离（close personal distance）（Kress＆van Leeuwen, 2006: 125）。就拍摄视角而言，美企图片多以平视视角拍摄，试图表达企业与受众间平等的权力关系。

综上，就图片参与者而言，美企以员工、社区人员、客户等人物类参与者为主，而中企以非人物类参与者为主，表现为宏伟建筑、企业所获荣誉及排名分别突出企业权威及行业领先地位，以及帆船、雄鹰、鼎等具有中国文化特色的象征物表达企业价值观、企业精神等。从文化视角解读，美国属个人主义文化（Hofstede et al., 2010），受此影响，美企网站重视关注员工、社区成员等个体利益呈现，同时美国在权力距离文化上得分较低（Hofstede et al., 2010），而员工、社区人员的服务活动是低权力距离文化的重要表征（Marcus＆Gould, 2000；Capece＆Di Pillo, 2021），因此美企图片中呈现的员工、社区人员等人物类参与者较多。就图片意义表达方式而言，美企图片中往往嵌有文字对图片主题进行直观阐释，采用图文互文形式共同实现对图片意义的直观建构；而中企图片意义传达较为抽象、含蓄，具有中国文化象征意义的图片参与者需依赖读者的文化背景知识进行解读。就图片话语主题而言，两国企业通过不同参与者突出相应的话语主题，且具体呈现方式既存在共同性，也存在差异性。首先，两国企业图片均重视呈现“客户服务”，在该图片主题上无显著差异（χ^2=0.085，p＞0.5），主要用以突出企业服务的多元化与便捷性，在图片话语主题中占比最大。此外，美企图片中对“员工服务”及“社会服务”较为重视，凸显企业的员工关怀与多元文化，而中企则重视突出“企业简介”相关信息及企业“行业地位”，具体呈现企业的行业排名及所获奖励等内容。与文本身份话语研究结果一致，中企图片重视突出企业能力相关主题；而美企图片则重在凸显企业社会责任。针对共同的话语主题，两国企业图片呈现方式同样可能存在差异，比如中企图片中企业“组织架构”以纵向排列的领导者照片或树状形式的管理层级图呈现，凸显管理等级性；而美企则以近景拍摄、横向对称排列的领导者图片呈现，弱化等级性，增强互动性及与读者间的亲切感。从文化视角解读，不同权力距离文化中的企业倾向于采用不同的管理模式，低权力距离文化中的企业更倾向于采用扁平化管理方式（flat management style），强调成员间的平等性（Würtz, 2006: 280）；中美两国在权力距离文化维度指数得分分别为 80 和 40（Hofstede et al., 2010: 57），因此，美企图片倾向于建构地位相对平等的组织管理身份，而中企图片在组织架构呈现中更凸显等级性建构权威身份。同时就图片互动意义而言，两国企业的图片存在较大差异，中企图片多以仰视、远视视角拍摄，而美企图片则多以平视、近景视角拍摄。

5.2.2 中美企业图片话语建构的身份对比

与文本身份话语类似，两国企业网站图片参与者及图片主题同样能够策略性对企业身份进行话语建构。上文针对中美企业网站图片的多模态话语分析为进一步揭示两国企业图片建构的企业身份类型奠定了重要基础。上述图片主题分析发现，中美两国企业均重视突出三类主题：客户服务类主题、企业能力类主题及企业社会责任类主题，分别用以建构“服务提供者”“行业竞争者”及“社会贡献者”身份，但侧重存在差异。这一研究结果与 Greenwood et al.（2019）针对企业年报中视觉修辞的研究结果一致，即企业重视突出企业专业性（expertise）、成就性（achievement）和关怀性（caring）。两国企业网站图片中最为凸显的话语主题均为“客户服务”（占比分别为 36.9%/39.0%），建构其作为“服务提供者”的主要身份，反映银行服务业的本质属性。此外，两国企业图片身份话语还通过其他参与者及图片主题建构企业身份类型。上述针对两国企业图片进行的多模态话语分析发现，中企图片中企业能力相关信息更为突出，包括企业简介信息、行业地位、企业精神、财务信息、企业管理、业务分布及企业历史，总占比达 45.1%，而社会服务、投资者服务及环境保护等企业社会责任相关主题仅占 18.0%；这一发现与中企文本身份话语主题沟通策略一致，中企倾向于采用企业能力沟通策略。中企图片较为重视借助“鼎”“帆船”“雄鹰”“企业建筑”等非人物类参与者宣传企业精神、企业行业地位等企业能力相关信息，突出建构其“行业领导者”身份。相比而言，美企网站图片中呈现的企业社会责任信息较多，包括员工服务、社会贡献、环境保护、供应商服务等主题（总占比 43.3%），企业简介信息、业务分布及组织架构等企业能力信息相关主题占比 17.6%；与美企文本身份话语沟通策略分析发现一致，美企倾向于采用企业责任沟通策略，图片参与者以员工、客户、社区人员、学生、退役军人等受益方为主，具体呈现企业多元包容文化、员工支持、社区活动及其他社会服务项目，进而建构企业“社会贡献者”身份。这一发现与 Sun 和 Jiang（2014）针对中美企业使命宣言（mission statements）话语建构的企业身份研究结果一致，即中企倾向于将自我建构为“行业领导者”与“竞争者”，而美企话语更突出其“责任者”及“合作者”身份类型。

企业图片话语的身份建构这一话语实践同样受社会文化语境影响，两国企业图片除了在图片参与者、话语主题侧重不同外，针对同一话语主题，图片的意义建构方式同样存在差异，如两国企业图片在突出企业“组织架构”这一自我维度时，美企图片以大小均匀、横向对称排列形式呈现，弱化领导者管理层级，而中企图片则采用纵向构图，并按照职位高低方式排列人物，凸显等级性。这一发现与中美两国在权力距离文化维度上得分不同有关。中企图片重视突出图片主体身份高于受众，建构权威身份，而美企图片则倾向于突出企业与受众间的平等身份。两国企业网站图片通过拍摄视角、拍摄距离及人物眼神、表情实现的互动意义强弱不同，如中企呈现的领导者图片互动性较弱，领导者与受众间关系较为疏远，而美企图片中领导者与受众间社会距离较为亲密。

5.3 本章小结

本章从话语主题内容层面分别对比了中美银行企业网站中文本身份话语与图片身份话语突出的话语主题、沟通策略及相应建构的身份类型。

首先，针对由企业概况构成的文本身份话语语料库，本研究借助语料库分析工具 Wmatrix 分别对两国企业概况进行主题语义域分析，并对各语义域的高频词进行索引分析，结合上下文语境探讨其凸显的话语主题；随后，本研究结合 Kim 和 Rader（2010）针对企业沟通内容总结的企业能力沟通策略、企业社会责任沟通策略及混合式沟通策略分类对两国企业文本身份话语采用的沟通策略进行分析；最后，基于文本身份话语的主题语义分析及沟通策略分析结果进一步探讨两国企业文本身份话语建构的身份类型。研究发现两国企业身份话语主题语义域既存在共性，也存在特性，且在共有主题语义域中语言使用同样存在差异。中企文本身份话语侧重企业能力沟通策略，重视突出企业发展历程、组织架构、业务分布及行业地位等话语主题，建构企业管理层级分明、历史悠久、业务分布广泛的“行业领导者”身份；中企对企业社会责任信息披露相对较少，主要突出其服务地方经济、贯彻国家战略的“责任担当者”身份。而美企文本身份话语则倾向于企业社会责任沟通策略，介绍员工多元文化、环境保护、社区贡献及其他具体服务活动，从而建构企业“社会贡献者”身份。

此外，两国企业网站首页与企业概况页中呈现的图片也是建构企业身份的重要话语资源。本研究对图片话语主题及图片的参与者进行多模态话语分析，进而探讨两国企业图片试图建构的企业身份。研究发现，两国企业图片均重视呈现“客户服务”这一话语主题，建构企业作为“服务提供者”的主要身份类型。此外，两国企业图片参与者、话语主题及建构的身份同样存在差异。中企图片以企业建筑，象征物如鼎、雄鹰等非人物类参与者为主，重视突出企业价值观、行业排名等企业能力相关话语主题，与文本身份话语呈现的企业能力沟通策略一致，中企图片身份话语同样重视采用企业能力沟通策略建构企业不断进取的“行业领导者”身份。美企图片以员工、客户、社区人员及其他受益群体等人物类参与者为主，重视通过员工多元文化、便捷服务、社区服务活动等图片主题呈现企业对各利益相关者的关怀，侧重采用企业社会责任沟通策略建构企业的“社会贡献者”身份。针对同一话语主题，两国企业在图片意义建构方式上同样存在差异，体现在图片中人物眼神与表情、图片拍摄视角、图片拍摄距离及图片呈现方式等方面。

第6章

中美银行企业网站身份话语建构——语篇语用层面

本章将从企业网站身份话语建构的语篇语用层面探讨中美银行企业身份建构的异同，主要关注企业如何与受众实现积极互动，建构企业与公众的关系身份类型。首先，企业网站身份话语建构是企业与公众沟通互动的重要话语实践。企业沟通理论为探讨中美银行企业网站的沟通方式提供了重要的理论参考。相比传统书面沟通，企业网站沟通有其自身独特性，除了网站话语特征影响企业与公众间的沟通互动及关系建立外，媒介技术、界面设计特征等同样影响企业与公众的沟通方式（Kent & Taylor, 1998），进而影响企业－公众关系身份的建构。因此，语篇层面的沟通方式不仅需考察语言特征，还需考虑网站设计特征，具体考察两国企业网站互动性与话语交互性特征。其次，身份话语建构具有一定语用属性，是企业积极宣传自我，赢得员工、潜在受众等交际方信任的语用过程。语用身份理论为进一步探讨两国企业在语用层面的身份话语策略提供了理论支撑，类似于传统书面、口头沟通，企业网站沟通实践离不开企业自我的印象管理、礼貌和面子等语用现象。互动语用学视角下的言语行为（例如：李朝渊、吴冬英，2016；Li & Wu, 2018）、视角化策略为进一步解读企业与公众关系身份建构提供了重要观测维度，具体言语行为、“说话”视角影响企业－公众关系身份维护与管理。因此，语用层面的企业身份话语研究主要关注言语行为与视角化策略。本章将分别对中美银行企业网站身份话语在语篇语用层面的话语策略进行分析，随后探讨其建构的企业—公众关系身份类型，并结合相关跨文化理论对两国企业身份话语在语篇语用层面表现的异同性进行跨文化阐释。

6.1 中美企业网站语篇沟通方式对比

企业网站是融合文本、图片、超链接等多种话语符号的多模态语篇，网站设计特征影响语篇沟通方式，进而影响企业－公众关系身份建构，网站的互动性特征对企业网站与公众实现对话沟通尤为重要，与企业 －公众关系身份建构密不可分（Meza, 2002）。较之面对面的口语交际及社交媒体话语交际，企业网站沟通互动性相对较弱，网站沟通离不开公众的参与。受众的高度参与性（highly involvement）是计算机辅助话语沟通（computer-mediated communication）中不容忽视的（Herring, 2007）。Grunig 和 Hunt（1984）指出企业沟通方式分为四种，从单向的新闻播报式沟通到双向的对称性沟通，信息的互动性与受众参与性逐渐增强。最理想的企业沟通方式为双向对称性沟通。Kent 和 Taylor（1998）基于网站沟通特征进一步将这种双向对称性沟通概括为对话沟通（dialogic communication），并提出对话五原则。本节将基于上述研究从网站互动性特征考察企业网站语篇的沟通方式，采用内容分析法对比两国企业网站互动性特征表现。此外，本研究认为对话沟通不仅仅通过网站互动性特征实现，网站话语同样具有交互性，能够拉近企业与受众间的关系，从而实现对话式沟通。现有研究证实商务话语具有交互性与劝说性（江进林、许家金，2015），作为重要的商务话语，企业话语本身的交互性特征同样影响企业与公众的对话沟通。因此，针对两国企业网站语篇沟通方式的分析，既要关注网站互动性特征，也要关注企业话语交互性特征。

6.1.1　中美企业网站互动性特征

企业网站中对话沟通（dialogic communication）需依赖对话五原则，具体包括对话环、信息有用性、促进回访、访问便捷及留存访问（Kent＆Taylor, 1998）。除了信息有用性关注网站内容信息外，其余均与网站互动性特征有关。网站设计特征能够实现人机互动性（human-to-computer interactivity）（如导航栏）、人与人的互动性（human-to-human interactivity）（如受众可以通过网站中企业的联系方式与企业取得联系，或通过分享链接将企业网页内容分享到社交媒体等）以及人与网页内容的互动性（human-to-internet interactivity）（如受众能够对企业网站中的信息内容进行评论反馈）（McMillan et al., 2008）。上述依赖网站设计特征实现的互动性均是企业网站对话潜力的表现，有助于企业实现与受众间的互动沟通。本节将探讨两国企业网站概况页的互动性特征表现如何，分析两国企业网站的对话沟通潜力及分别突出建构企业与公众何种关系身份类型。

综合先前研究对网站互动性的实证探讨（Meza, 2002；Men＆Tsai, 2012；蒋晶等，2011），本研究关注的网站互动性特征主要包括导航栏/地图、企业联系方式（电话、邮件、社交媒体等）、常见问题问答（FAQs）、客户评论栏、分享链接、优惠活动及参与性特征（如账户注册）等，两位编码员采用内容分析法对两国样本企业网站的互动性特征进行编码（见表 6.1）。由表 6.1 可见，中企网站中最为突出的互动性特征表现为导航栏/地图、客服热线、联系方式及账户注册，70%以上样本企业网站具备上述互动性特征。相比而言，美企网站中互动性特征更为丰富，除了上述提及的四种互动性特征外，在线聊天框、视频、常见问题问答（FAQs）及客户评论栏在美企网站出现较为频繁。

表 6.1　中美企业网站互动性特征表现

网站互动性特征	中国企业（n/%）	美国企业（n/%）	x^2
导航栏/地图	21（70%）	29（96.7%）	7.680**
客服热线	28（93.3%）	21（70%）	5.455*
在线聊天框	4（13.3%）	16（53.3%）	10.800**
联系方式	30（100%）	29（96.7%）	1.017
视频	2（6.7%）	14（46.7%）	12.273**
分享链接	1（3.3%）	5（16.7%）	2.963
常见问题问答	5（16.7%）	16（53.3%）	8.864**
客户评论栏	1（3.3%）	13（43.3%）	13.416**
优惠活动	1（3.3%）	7（23.3%）	5.192*
账户注册	24（80%）	27（90%）	1.176

注：**$p<0.01$；*$p<0.05$

进一步采用卡方检验对比两国企业网站在各互动性特征表现中是否存在显著差异，研究发现两国企业网站在“联系方式”这一互动性特征中不存在显著差异（$\chi^2=12.273$，$p>0.05$），两国企业网站均重视呈现企业联系地址、电话及社交媒体官方账号如微博、X、Facebook、YouTube 等，方便受众更便捷地获取企业更多信息，突出企业贴心服务者的身份。在“分享链接”这一互动性特征中，两国企业网站均使用较少，这一发现与 Men 和 Tsai（2012）针对中美两国企业社交媒体互动性特征研究结果不同，两国企业网站中呈现的分享链接均较少，这可能归因于网站本身的技术特征，较之社交媒体其互动性相对较弱。在其他互动性特征上，两国企业网站均存在显著差异。美企网站在导航栏/地图（$\chi^2=7.680$，$p<0.01$），在线聊天框（$\chi^2=10.800$，$p<0.01$），视频（$\chi^2=12.273$，$p<0.01$）以及客户评论栏（$\chi^2=13.416$，$p<0.01$）等互动性特征表现中，显著高于中企网站，这一发现与蒋晶等（2011）针对中企官网与美企官网的对话性沟通研究发现一致，美企网站呈现更强的互动性与对

话潜力。而中企网站中较为凸显的互动性特征主要为客服热线（$\chi^2=5.455$，$p<0.05$）。

美企网站借助导航地图、视频、在线聊天框、客户评论栏增强了网站的吸引力与互动性。其中导航地图、视频是 Kent 和 Taylor（1998）提出的对话五原则中便捷操作（ease of interface）的重要体现，是实现对话沟通的必要基础（蒋晶等，2011）。此外，53.3%美企网站呈现了在线聊天栏，有助于实现与受众实时在线沟通。常见问题问答与客户评论栏能够有效形成对话环（Dialogic loop）（Kent＆Taylor, 1998），实现与受众的对话式沟通，听取受众意见并对其做出回应；有助于传达企业对客户意见的重视，构建其真诚的服务者身份，从而赢得公众信任。相比而言，中企网站的对话潜力相对较弱，对在线聊天框、常见问题问答（FAQs）及客户评论栏等互动性特征使用较少。Robbins 和 Stylianou（2010: 6）指出“常见问题问答（FAQs），在线聊天框及导航栏/地图”等网站互动性特征与短期导向文化（short-term orientation）特征有关，该文化维度影响人们对待时间的态度（Hofstede, 1980）。中美两国在长短期导向文化维度指数上分别得分为 87: 26，美国属短期导向文化，受此影响，美企网站倾向于提供导航栏、FAQs 以便为访客节省时间，快速提供检索结果。本研究发现与 Pan 和 Xu（2009）针对中美企业网站沟通策略及网站互动性研究结果一致，美企网站表现出更多互动性特征，重视企业与受众间的直接互动，这可能源于美国低权力距离与个人主义文化（Hofstede, 1980）影响，美企更倾向于与消费者进行直接互动沟通。

6.1.2　中美企业话语交互性特征

除了上述探讨的企业网站互动性特征，企业话语同样能够体现互动性与参与性，并影响企业实现对话沟通（Feng＆Wu, 2016），建构与受众间的对话关系身份。针对两国企业身份话语互动性探讨，本节将借助语料库工具 MAT v1.3（Multidimentional Analysis Tagger）对两国企业文本身份话语语料进行分析，以增强理据性，减少人工判别的主观性。Biber（1988）基于 67 个语言特征总结出 6 个语言功能维度，其中第一个功能维度—话语交互性/信息性表达有助于分析企业与公众间的沟通方式。参照现有研究（王立非、部寒，2018；胡春雨、谭金琳，2020）针对企业年报话语进行的多维特征研究，本节主要借助 Biber（1988）的多维/多功能（MD/MF）分析框架与 MAT 分析软件，探讨中美企业身份话语在交互性/信息性表达这一功能维度上的特征表现差异。话语交互性与信息性的具体语言特征包括私动词（private verbs）、第二人称代词、疑问句等因子负载为正的语言特征，以及名词、词长等因子负载为负的共 34 个语言特征（具体各语言特征及其因子负载详见附录 B）（Biber, 1995: 142）。语料库工具 MAT 能够对文本话语的各功能维度及相应语言特征进行自动标注与统计分析（Nini, 2015），本节只探讨两国企业身份话语在第一个功能维度（交互性与信息性表达）的具体表现，分析结果见表 6.2。

表 6.2 中美企业文本身份话语在“交互性与信息性表达”特征方面的差异

维度指标	中国企业身份话语	美国企业身份话语	均差（MD）
	均值	均值	
交互性与信息性表达	−26.04	−16.54	−9.5

表 6.2 可见两国企业文本身份话语在交互性与信息性表达这一功能维度得分均为负值，说明两国企业概况信息性很强（Biber, 1988；王立非、部寒，2018），即企业概况是企业经过仔细斟酌后编制，重视对企业信息的披露。但中国企业身份话语在该维度的分值低于美企（MD = −9.5），说明中企身份话语的交互性相对弱于美企，这一发现与王立非、部寒（2018）针对中美企业年报话语的多维分析结果一致，他们发现美国企业年报话语交互性更强。

体现文本交互性的语言特征包括第一、二人称代词、wh-引导的从句、增强词等正向语言特征，及平均词长、名词等负向语言特征（Biber, 1988）。语料库工具 MAT 能够对两国企业身份话语中各语言特征进行自动标注与统计，部分结果如表 6.3 所示。

表 6.3　“交互性与信息性表达”中差异较大的语言特征

语言特征	中企文本身份话语	美企文本身份话语	均差	权重
第一人称代词	－0.79	0.51	－1.30	0.74
第二人称代词	－0.66	－0.37	－0.29	0.86
平均词长	2.48	1.88	0.60	－0.58
wh－引导的从句	－0.60	－0.20	－0.40	0.47
名词	4.66	3.12	1.54	－0.80
增强语	－0.81	－0.77	－0.04	0.56

由表 6.3 可见，美企在文本交互性正向语言特征的使用频率上均高于中企，均差均为负值。在第一人称代词使用上差异最为显著（美企：中企 =0.51：－0.79），第一人称代词使用能够反映作者的高度参与性（Biber, 1988），同时直接指代说话者，出现在交互性较强的话语中（王立非、部寒，2018）。第二人称代词同样是文本交互性的重要语言特征，在美企身份话语中出现频率高于中企。这一发现与胡春雨、谭金琳（2020）针对中美企业股东致信的多维话语分析结果一致，美企话语中第一、二人称代词使用更为明显。第 7 章将对两国企业身份话语中指称词使用情况做详细探讨。

平均词长则是反映文本信息性的语言特征，平均词长越长会增加读者阅读语篇的难度（胡春雨、谭金琳，2020），同时词长也能反映文本的官方性与书面性。官方书面文本中词长往往高于口语交际中使用的词长。与第 5 章针对两国企业身份话语语料基本信息分析结果一致，中企身份话语词长更长，使用较为官方正式的词汇。此外，名词是反映文本信息性的语言特征，名词使用越多则说明文本信息更为丰富（Biber, 1988），中企使用名词更多，更具信息性。这一发现与 Ren 和 Lu（2021）针对企业年报的多维话语分析发现一致，中企话语中名词频率更高，部分源于企业使用的第一人称代词较少，多以企业名称进行自我指称（如例 1）。美企在增强语（如 really、actually）与 wh-引导的从句的使用频率高于中企，如例 2，美企使用增强语 actually 表达企业对自身提供服务的信心，增强了企业信息的说服性；同时能够突出其全心服务客户，为客户利益着想的企业身份。增强词如 really、actually 常出现在口语表达中，美企身份话语中使用上述增强语容易拉近企业与受众间的距离，唤起受众的情感信赖。

例 1　***The Bank*** always keeps in mind its underlying mission of serving the real economy with its principal business, and... —Industrial and Commercial Bank of China

例 2　We're creating financial services that ***actually*** serve. —Ally

反映话语交互性/信息性表达的另一重要语言特征为疑问句（Biber, 1988: 102），浏览两国企业文本身份话语语料发现中企身份话语以比较正式的陈述句为主，仅一家中企使用了疑问句式，如例 3 中上海银行先以问句形式调动起受众的好奇心，随后给出具体操作步骤，巧妙地对受众进行了指导。而美企身份话语句式较为丰富，使用比较口语化的疑问句、祈使句等，如例 4 美企 M&T Bank 同样采用问答式沟通方式，但更具人际性与口语化，使用第一人称代词与第二人称代词及感官动词 listening 将单向的信息传达转化为双向的对话沟通，表达企业试图倾听受众心声，与受众实现对话沟通。相比而言，例 3 中企话语中疑问句使用的目的在于指导客户如何购买企业金融产品，对话性相对较弱；而例 4 中美企模仿口语交际中的问答模式增强了沟通互动性与受众参与性，"We're listening" 暗指企业等待受众的回应，从而实现对话沟通。对话性的沟通方式反映出美企将受众视为平等个体，试图建立"I-thou"的关系，而非"I-it"关系（Kent & Tayler, 1998: 8），拉近了企业与受众间的距离。

例 3　***How to buy fund***? Please make an appointment with the customer manager，take your valid identity document and ... to buy fund in the banking office of the customer manager. —Bank of Shanghai

例 4　***What matters most to you***? We're listening. —M & T Bank

综上，较之中企身份话语，美企话语更具交互性，究其原因，可能源于中国在权力距离文化维度上得分较高（Hofstede et al., 2010），受此影响，中国企业倾向于强调管理层级分明，突出企业权威地位，受此影响，中企话语互动性相对较弱，企业以单向信息输出为主，企业话语中体现互动性的负向语言特征使用较多，如名词及词长。而处于低权力距离文化中的美企话语则更强调企业与受众间的平等地位，倾向于使用人称代词、问句等文本交互性较强的语言特征，以此拉近与读者间的距离。此外，中企英文网站中的外宣身份话语多出于英语非母语使用者对其中文文本翻译而来，因此语言熟练程度、词汇储备量等同样影响两国企业身份话语交互性特征（胡春雨、谭金琳，2020）。

6.1.3　中美企业 – 公众关系身份对比

上文对网站互动性特征与企业身份话语交互性特征分析为揭示企业试图建构的企业 – 公众关系身份奠定了重要基础。网站设计特征为提升公众参与性及互动性提供了便捷（Men & Tsai, 2012），美企网站呈现出更强互动性，通过导航栏、在线对话框、客户评论栏等多种方式与受众建立对话沟通（Kent & Taylor, 1998）。此外，美企身份话语交互性较强，以口语化的问答型句式、祈使句与公众直接互动；体现文本交互性语言特征，如第一人称代词、增强语、wh-引导的从句等使用更为频繁。可见，美企倾向于“营造一种直接交流的亲切氛围”（胡春雨、谭金琳，2020：73），拉近与读者的人际距离，试图建构一种互动对话的“沟通者”身份。

而中国企业网站互动性较弱，互动性特征主要表现为导航栏与企业联系方式等相对基础的网站特征，且多使用陈述句披露企业信息；中企身份话语交互性相对较弱，平均词长、名词等文本信息性特征表现较为突出，企业倾向于采用单向的公共信息式沟通（public information）（Grunig & Hunt, 1984），即采用以宣传企业为目的的单向信息传递方式，与受众的互动沟通较弱，突出其“新闻播报者”身份。

企业沟通实践具有文化语境制约性，特定社会文化语境影响沟通信息的传播与接受（Neuliep, 2015）。从文化视角而言，两国企业网站呈现的沟通方式存在差异，这部分源于中美两国在权力距离文化维度上得分不同（中美两国得分分别为 80: 40）（Hofstede et al., 2010），受此影响，两国企业对平等的理解与认知存在差异，进而影响其信息沟通方式。美国属低权力距离文化，美企更注重企业与公众间的平等沟通，因而更容易采取对话式沟通（蒋晶等，2011），建构美企“对话沟通者”身份。

6.2 中美企业语用沟通策略对比

上述探讨的企业网站沟通方式从网站互动性特征及企业话语本身的交互性展开，关注两国企业与公众的对话沟通；对企业与公众关系身份建构起到关键作用。此外，企业身份话语在语用层面的沟通策略对企业建立、维护与公众的关系同样重要，如企业作为交际者的“说话视角”与“说话方式”等均能反映企业意图突出的身份特征。本节将着重从语用层面探讨其视角化策略与言语行为策略，关注两国企业网站中参与企业身份建构的话语主体及企业身份话语中呈现的言语行为特征，从而为揭示其建构的企业–公众关系身份奠定基础。

6.2.1 视角化策略

视角化策略（perspectivation）是 Wodak（2001）在语篇-历史分析法中提及的五种重要话语策略之一，主要指将文本生产者观点进行立场化的话语手段，常表现为直接引述或间接引述（乌楠、张敬源，2019）。从文本生产视角而言，直接引述也是显性互文（manifest intertextuality）的重要表现（Fairclough, 2003），即文本建构者基于特定目的对可用体裁资源进行策略性挪用（邓鹂鸣、周韵，2020）。视角化策略（或显性互文性分析）对揭示语篇背后的交际动机具有重要作用，有助于揭示参与两国企业身份建构的话语主体。企业身份建构是多元主体共建协商的话语实践产物（De Fina et al., 2006；Feng & Wu, 2016），本节采用批评话语分析方法对两国企业网站概况页中的直接引述话语主体及话语内容进行分析，研究发现两国企业身份话语呈现出不同的参与主体。中国企业多以企业自我叙述为主，外部参与主体较少，主要涉及媒体、杂志等第三方评价机构，企业倾向于“自构身份”（self-constructed identity）；而美企网站呈现出多方主体共同参与的“他构身份”（other co-constructed identity）较为明显，涉及员工、第三方机构、领导者及客户等多种参与主体。下文将详细阐释两国企业身份话语中的引述话语主体，为进一步探讨其协商共建的身份类型奠定基础。

（1）员工视角

引述员工对企业文化及其工作体验所进行的直观陈述能够对企业自我建构的相关身份进行佐证，提升身份话语的可信度。中国企业多以自我陈述为主，企业身份话语中未出现员工声音；而美国企业网站中员工参与性较强，正如第 5 章主题内容层面分析发现，美企较为重视通过呈现“员工多元文化、工作环境”突出企业的员工关怀。除了自我陈述视角外，美企还直接引述员工的工作经验分享突出企业文化价值观。如例 5 美企 PNC financial 在宣传企业文化时，直接引用员工个人体会，积极评价性词汇 proud 直接表达员工对企业服务的认同，同时 each and every day 更强调了企业对员工与顾客周到的服务，29 years 则从员工工作年限侧面反映出员工对企业文化的认同。较之企业的自我积极陈述，直接引述员工个人分享更有助于激发其他员工的归属感与认同感，增强群内身份归属。

例 5　“I am ***proud*** of the focus and energy we put into our customers and employees ***each and every day***. I have been in banking for almost ***29 years*** and can truly say the culture at PNC is what sets us apart.” —Willie M., Strategy & Planning Director —PNC financial

（2）第三方评价机构

引述第三方评价机构常用于展示企业行业排名、所获荣誉与奖励，能够增强企业信息的可信度。两国企业均重视对企业所获荣誉奖励的呈现，常通过间接引述行业内权威媒体、杂志等，如 Global Finance、Trade Finance、The

Banker 来突出企业行业地位。如例 6 中，中国银行间接转述杂志对其高度评价，建构正面、积极的企业身份，突出企业行业地位。

例 6　Recently, British magazine **Trade Finance** announced the evaluation results for the global trade finance category in 2013, where BOC was awarded with the prize of “Best Trade Finance Bank in China” again. —Bank of China

美企网站中以类似引述方式呈现企业所获荣誉，部分企业采用更为直接的引述形式凸显其竞争力，将相关报道以图片等多模态形式直接呈现给读者，强化信息真实性，如图 6.1 所示，美国企业 Citizens Bank 在 Awards & Recognition 栏目中通过图片超链接形式，将奖项信息直接链接到相关媒体报道原文，增加了信息的可信度，建构了企业值得信赖的身份类型。据统计，中企网站中第三方机构更为突出，其中 26 家中企（占比 86.7%）引述了第三方机构宣传企业所获奖励荣誉，凸显其行业地位；而 13 家美企（占 43.3%）网站提及企业所获荣誉与排名。

图 6.1　美企身份话语中第三方机构引述形式（来源：Citizens Bank 官网）

（3）领导者视角

领导者寄语对建构企业形象至关重要（Hyland, 1998），管理者理念直接影响企业决策、企业文化及企业行为等。美国企业在介绍企业文化价值观时，往往倾向于从总裁及其他领导者视角出发，直接引用领导者观点（如 Message from CEO/Head of Culture Department）宣传企业多元包容的文化理念。例如，例 7 中，美国企业 Regions 网站中展示的领导者的文化理念，一方面对企业文化进行了阐释，建构了多元包容的企业身份；另一方面使网站更具对话性，看似受众与领导者间面对面的沟通交流。据统计，70%（21 家）美企网站中呈现出对领导者寄语的直接引述，包括对企业文化、价值观等管理理念的宣传；而中企网站未呈现领导者寄语相关内容，只在年报、企业社会责任报告等官方报告中呈现领导者致辞等信息。

例 7　"Teams that are diverse perform exponentially better."—Head of Diversity and Inclusion Clara Green. —Regions

（4）客户视角

美企网站从多种利益相关者视角对企业身份进行话语性建构，除上述提到的员工、第三方机构及领导者外，客户也是积极建构企业身份的重要话语主体。如下文例 8 美企 Charles Schwab 网站中呈现的客户体验分享，并附有客户姓名与时间，增强了企业信息沟通的真实性，同时客户使用的 quiet support、low costs、great customer service 及 easy access 等积极评价性词汇对企业身份进行直观、积极建构。

例 8　"Schwab has met all of our families' needs with ***quiet support, low costs, great customer service***, and ***easy on-line access***." —Mima, 2/11/2020. —Charles Schwab.

例 9 中，美国企业 Ally 网站中客户以叙事性口吻讲述自身经历，借助 3 years ago 具体时间，以及"checking account, CD""brokerage services"等具体产品名称增加了故事性，同时 better service 是对企业服务的直接褒奖。统计发现 1/3 美企网站呈现出以客户叙事方式对企业身份进行积极建构，这与 Feng 和 Wu（2016）针对微博中的银行身份话语研究结果一致，企业身份是由企业与多元利益相关方对话协商，不断动态建构、反建构的结果。较之企业微博推文中的粉丝（followers）评论，企业对网站中呈现的客户体验评论更具操纵性，客户采用积极评价性词汇对企业服务进行褒奖，对潜在目标客户的影响更大。因此，企业应重视借助网站中客户的积极评论，积极建构企业身份。从体裁视角而言，企业网站话语属公共关系类话语，通过挪用客户叙事性话语体裁资源实现了篇际互文，使体裁类型更为丰富多样。

例 9 "As a baby boomer, I was hesitant to open an account with an "online bank". What started as a checking account ***3 years*** ago has expanded to CD's, even Ally's ***brokerage services***. I receive better customer service from Ally than I do my local bank. Even better since I can do it from the comfort of my own home-***Love it***!" —Ally.

引述客户对企业服务体验的真实叙述，有助于建构企业值得信赖的身份类型，对赢得潜在客户信任至关重要。从语用视角而言，引述客户对企业服务、能力的称赞，避免企业自我积极褒奖，符合 Leech（1983）提出的礼貌原则中的谦逊原则，即尽量减少对自身的夸奖，从而维护交际者面子。然而，中国企业网站中主要以企业自我陈述为主，无客户叙事相关内容。

乌楠、张敬源（2019：226）指出企业话语中的引述方式看似客观，但选择什么引文内容往往取决于话语作者，包含话语作者的介入和操控，具有一定主观性。研究证实了企业沟通中的多声现象（polyphony）逐渐取代单声（monophony）（Zerfass et al., 2012；邓鹂鸣、周韵，2020），巴赫金（1998）指出对话性意味着话语中两个以上声音形成相互同意肯定或反对否定，企业与各方主体在网站中对企业相关特征进行"肯定与补充、问与答"，形成对话性，建构多方主体参与的对话身份。可见，语用层面的视角化策略是对语篇层面对话性沟通策略的有意补充，两者并非相互独立。通过对语料中涉及的话语主体分析发现，美企通过直接引述"员工""领导者""客户"及"第三方评价机构"等多方主体共同协商建构企业身份；而中企则主要引述第三方评价机构凸显企业行业地位及突出业绩。这一发现与邓鹂鸣、周韵（2020：64）的研究结论一致，即中外企业均重视建构"多方参与的现代企业"语用身份，但他们研究发现中企社会责任报告较之意大利企业包含更多参与者，如领导者、专家、客户及报告评级机构。然而，本研究则发现中企网站话语在多方主体参与性方面稍显逊色，提及最多的是企业自身与"第三方评价机构”，究其原因，这可能源于研究体裁的差异性，相比而言，企业社会责任报告更具规范性。从文化角度解读，引述外部机构评价强调企业地位，属高权力距离文化表征（Singh & Matsuo, 2004: 866）。相对美国而言，中国在权力距离文化维度指数上得分较高（中美分别为 80: 40）（Hofstede et al., 2010: 57），受此影响，“第三方评价机构”成为中企进行他构身份的主要引述话语主体；而美国企业则对“员工、领导者及客户”等个体话语较为重视，这可能源于美国个人主义文化影响，个体声音受到更多重视与关注。

6.2.2　言语行为策略

身份与言语行为密不可分，陈新仁（2013）指出言语行为是语用身份建构的重要话语实践。言语行为可以建构、改变身份类型（Tracy & Robles, 2013）。企业身份话语建构是商务语篇发挥人际功能的体现，而言语行为策略对解读企业与受众关系身份建构具有重要意义，不乏学者从言语行为视角探讨个体、机构身份在社交媒体中的话语建构（例如：Dayter, 2016；Li & Wu, 2018）。参考李朝渊、吴冬英（2016）提出的关系言语行为，本研究探讨的言语行为主要指有助于构建和促进企业网站中企业 – 公众关系的言语行为。现有针对企业社交媒体身份话语的言语行为研究（例如：李朝渊、吴冬英，2016；Feng, 2017；Li &Wu, 2018；Xia, 2020）对本研究具体分析中美企业网站身份话语具有重要参考意义，但现有研究对言语行为的分类并不完全适用于企业网站身份话语。本研究首先按照扎根理论框架下的开放式编码（Strauss & Corbin, 1998）对企业概况页（About us）中企业呈现自我时使用的言语行为进行编码，随后对编码的言语行为按照其功能相似性，自下而上进行初步归纳、分类；最后结合现有文献（包括：李朝渊、吴冬英，2016；Dayter, 2016；Li & Wu, 2018；Xia, 2020）中对企业言语行为的分类将编码的言语行为进一步分类命名，并反复检查、修正以确保分类标准反映实际企业网站身份话语特征与功能。

鉴于网站中企业言语行为的表现形式多样，不仅限于文本，还可能以图片、超链接等辅助形式出现，因此在实际分析过程中也将其纳入对两国企业话语中言语行为的考察中。企业社交媒体话语中的言语行为统计多以推文数量作为量化单位，相比而言，企业网站话语中的言语行为存在一定量化困难，因此本研究并不针对两国企业网站中具体言语行为频次做量化分析，只针对各言语行为的具体实现方式做定性描述与阐释。研究发现，与社交媒体身份话语类似，两国企业网站身份话语主要呈现 10 种关系言语行为，各言语行为的操作性定义及具体示例见表 6.4。

表 6.4　言语行为分类、定义与示例

交际功能	言语行为	定义	示例
披露、宣传企业资产能力等	报告类（reporting）	客观披露企业资产、规模、业务等基本信息	"With 14, 912 banking outlets…, the Bank serves hundreds of millions of personal…"
	叙事类（narrating）	叙述企业历史、发展进程	"Its predecessor…was established in October 1954."
	褒奖类（promoting）	积极宣传企业产品服务、优秀员工、所获成就、奖励荣誉	"We provide ***unmatched*** convenience…"
与公众互动，建立维护关系	寻求反馈类（soliciting feedback）	寻求受众的积极反馈	"Your satisfaction matters. Tell us about your Chase experience."
	建议类（giving advice）	给受众提出建议	We recommend you start with your travel provider because…
	请求类（requesting）	期望受众采取行动	" Share M&T Stories with your friends."
	指导类（educating）	对产品、服务使用、账户安全设置等进行科普性指导	"Go to the Schwab Security Center and sign up to receive notifications so you'll know immediately…"
	表达类（expressing）	表达说话人的态度、情感	"We are here for you"
	故事分享类（sharing stories）	分享员工、客户及企业故事	"This program is so good and means so much to me, " Kaoui said."It's making my future... possible."
	超链接（hypertexting）	能够直接引导受众导向目标内容的链接形式	Want to learn more about Our Story? Contact us→

由表 6.4 可见，上述言语行为主要实现两大交际功能：① 披露与宣传企业文化、资产业绩等相关信息；② 建立、维护公众关系，实现交际互动。前三种言语行为叙事类（narrating）、报告类（reporting）、褒奖类（promoting）具体用于实现第一种交际功能，即宣传企业历史发展、产品服务、企业资产、企业文化、企业成就及资质荣誉等；后七种分别为寻求反馈类（soliciting feedback）、请求类（requesting）、建议类（giving advice）、指导类（educating）、表达类（expressing）、故事分享类（sharing stories）以及超链接（hypertexting），具体用于实现与受众互动，建立、维护关系。下文将详细描述各言语行为在中美企业网站身份话语中的具体表现。

（1）报告类（Reporting）

报告类言语行为是两国企业使用最多的言语行为，用于披露企业财务信息、资产规模、信用评级、文化价值观等，如例 10 中国银行对其分支机构分布范围进行客观披露，突出企业实力。报告类言语行为多以事实型数据呈现企业规模，或对企业文化价值观进行客观性描述，使企业身份话语更具专业性与权威性。中国企业对该言语行为使用较多，倾向于较为正式地报告相关信息，建构企业权威身份。美国企业倾向于借此行为对企业价值观、企业文化、使命宣言等价值体系进行披露，如例 11 美企 PNC Financial Services 通过阐释其尊重、信赖员工的价值理念，建构其关怀员工的最佳雇主身份。

例 10　The network of branches of Bank of China has covered 29 countries and regions worldwide, as well as 32 provinces, municipalities and autonomous regions in China. —Bank of China

例 11　We trust the capabilities, character and judgment of our colleagues, and treat each other with respect. —PNC Financial Services

（2）叙事类（Narrating）

叙事类行为主要用于对企业发展历程的叙述，多以时间顺序陈述企业历史变革。两国企业网站中均有相关表述，但中国企业概况中使用较多，常位于开篇位置，中国企业在介绍企业相关信息时首先阐述其发展历程，突出其悠久历史。如例 12、13 中美两国企业分别以时间顺序叙述其发展历程。叙事性话语以客观陈述事实为主导，叙述企业历史渊源，凸显其经久不衰的发展历程。

例 12　The predecessor of the Bank was Agricultural Cooperative Bank established in ***1951***. Since the late ***1970s***, the Bank has evolved from… —Agriculture Bank of China

例 13　Our history dates back to ***1863*** when First National Bank of Cincinnati opened for business. —U.S. Bank

（3）褒奖类（Promoting）

褒奖类言语行为用以直观、积极建构企业身份，企业身份话语主题语义域分析已证实两国企业均重视语义域 A5.1+［评价：好］，且在中国企业网站中使用更多；往往采用积极评价词汇，如例 14 美企使用 unmatched convenience 对企业服务进行自我褒奖；例 15 中企则借助企业所获“资质荣誉”积极宣传企业能力。

例 14　We provide ***unmatched*** convenience in the United States. —Bank of America

例 15　BOC won “The ***Best*** RMB Clearing Bank in Asia Pacific” Award for the third consecutive year by… —Bank of China

（4）寻求反馈类（Soliciting feedback）

寻求反馈类言语行为往往用于企业向受众征求意见，是企业与公众的重要互动方式，有助于调动访客的积极性。美国企业网站互动性较强，企业使用该言语行为较多，用于客户满意度调查（如例 16）、征求客户投诉意见等。例 16 美企表示希望获得客户对服务体验的反馈，表现出企业期望不断提升客户满意度的真诚态度，同时也体现出对受众意见的重视，突出企业与受众间的平等距离，增强企业话语的对话性（Xia, 2020），激活了受众作为话语主动参与者（active participants）的角色，而不再仅是信息的被动接受者。相比而言，中企网站中未出现该类言语行为。

例 16　Your satisfaction matters. Tell us about your Chase experience. —Chase

此外，企业往往以超链接形式为受众提供便捷的反馈、投诉渠道，以便客户更为快速便捷地提供反馈，如例 17，美企为客户投诉与反馈提供了便捷通道（划线部分为超链接形式），突出建构了企业作为“虚心倾听者”身份，从而拉近与受众的距离。

例 17　If you have questions or concerns，please contact us through Chase customer service or let us know about Chase complaints and feedback. —Chase

（5）建议类（Giving advice）

建议类行为常以“疑问句+祈使句”句型模式出现（Xia, 2020），企业首先通过问题引出话题，随后给受众提出一个最优选择项。如例 18 中美企 New York Mellon 以自问自答式的话语形式唤起求职者进一步了解企业相关职位信息，同时企业以条件状语从句的形式征求求职者的答案，给求职者以选择空间，并期望获得受众的积极回应。话语中使用的 might 属认知类情态动词，较之道义情态动词如 must，更具缓和性和协商性，表示说话人对命题的推断（汤敬安，2008），此处美国企业使用 might 增加了话语协商性，是维护受众消极面子的重要策略。连续疑问形式体现出企业求贤若渴的心态，并以巧妙的询问方式将求职者塑造为受益人（成为最好的自己；掌控自己的职业生涯），求职者很难做出否定回答，最终会听取企业建议。企业使用建议类言语行为同样意在对企业身份进行积极建构，但更具策略性与隐蔽性。

例 18　Do you aspire to be your very best? Are you passionate about owning and driving your career? If you answered “yes,” you ***might*** like it here. —New York Mellon

例 19 中，美企 BB＆T 网站中呈现的“Are you ready？”以非正式、口语化的表达方式展现了企业充满活力的一面，也拉近了与受众之间的距离。此处背景情况为 BB＆T 与 Sun Trust 合并成 Truist 银行，BB＆T 在网站中以口语化表达方式向客户充分展现企业能够顺利完成过渡的信心，有助于消解老客户的担忧；企业结尾的“So get ready！”具有强烈的劝说性和鼓动性，强烈建议受众做好准备。感叹号是重要的情感标记语（Xia, 2020），此处结合祈使句使用赋予了企业身份话语情感性、动态性与互动性，有助于建构企业自信活力的身份类型。而中国企业网站中呈现的建议类言语行为相对较少，且更为正式，如例 20 中国农业银行使用比较正式官方的话语风格，please 一词体现出企业礼貌性给出客户服务咨询的具体建议。

例 19　***Are you ready***? Truist is about always looking forward and building a better future. It will take some time to completely integrate our two banking systems. And on the day that happens, it's going to be amazing. ***So get ready***!#Truist. —BB&T

例 20　***Please contact*** your local branch for detailed information about the service. —Agricultural Bank of China

（6）请求类（Requesting）

企业使用请求类言语行为旨在使受众能够按照预期采取行动。请求类言语行为本质上会威胁被请求者的消极面子（于国栋，2019），即影响被请求者自由选择自身行为而不被侵扰和干涉（Brown&Levison, 1987）。但实际调研发现，两国企业网站身份话语中请求类行为使用较多，尤其在美企网站中使用更多，且多以祈使性动词呈现。尽管按照 Brown&Levison（1987）的礼貌策略，祈使类动词带有命令性与强加性，要求听众采取行动会威胁受众的面子，但近来研究发现祈使类动词在广告等促销性话语中使用广泛，企业用以引起受众注意、宣传产品服务进而营造与受众的亲切感（Zjakic et al., 2017；Xia, 2020），本研究再次证实了上述观点。企业在网站中展示自我时使用的祈使类动词并不具有很强指令性，常常结合疑问句、图片等其他话语形式，更多发挥建议与请求功能。企业期望以更为直接的表达方式劝说受众，并请求受众采取行动。

例 21 中，美企 M&T bank 呼吁受众分享企业的成功故事，并以超链接形式列举了 Facebook/X/Linkedin 等社交媒体图标，以便受众立刻采取行动，方便快捷地宣传企业故事。同时，该言语行为中企业还采用了预设命题

（Predication）的话语策略积极建构企业身份，即交际者为保证行动、表达的适宜性而做出假设（Levinson, 2001: 168；Wodak, 2001），此处 success 具有预设作用，预设受众已认可和接受企业前面讲述的故事内容，进一步期望受众能够宣传企业的成功事迹。类似地，例 22 中美企 Bank of America 使用否定性祈使句表达企业请求，口语化的表达方式使企业信息沟通更具人际性，营造出企业与受众间较为亲近的关系。

例 21　Don't keep ***success*** a secret. Share M&T Stories with your friends. —M&T bank

例 22　***Don't wait***, use your debit account right away. —Bank of America

同样例 23 中美企 Silicon Valley 以祈使句、疑问句组合的形式与潜在客户进行沟通互动，通过悉心询问客户是否需要金融服务，一方面缓和祈使性语气，补救了受众的消极面子；另一方面展现出企业对客户兴趣的关心。询问受众感受与生活是企业增进与受众关系的重要话语策略（Xia, 2020）。该言语行为中美企使用 banking partner 暗含性自指，直接建构了其"同伴身份"（companion identity）（源于 Feng, 2017），拉近了与受众间的距离。结尾以祈使性言语行为请求受众能够积极采取行动，同时疑问句的使用激活了企业倾听者的角色，缓和了后续祈使句的语气，与例 20 相似，企业期望受众积极采取行动。

例 23　Let's get started. Are you an innovator seeking a ***banking partner*** to help you move your big idea forward? We offer financial services to companies in the technology, life science and healthcare and energy resource and innovation sectors. Contact us. —Silicon Valley

请求类言语行为在美企网站中使用得更为明显，辅以超链接、指示性箭头等网站特征为受众立即采取行动提供便捷，如进一步点击网页内容了解企业信息、立即申请企业的职位、分享企业的成功故事或注册成为企业客户等。而中企网站中该言语行为相对较少。

（7）指导类（Educating）

中美企业网站中还呈现出企业服务、银行 App 或网络银行使用、信息隐私保护、账户安全设置等科普性指导。如下文例 24 中，Charles Schwab 连续使用祈使类动词提示客户如何进行账户安全设置。例 25，中国银行指导受众如何确保访问的网站正确。

例 24　***Set up*** security alerts. ***Go to*** the Schwab Security Center and ***sign up*** to receive notifications so you'll ***know*** immediately when activity occurs in your accounts. —Charles Schwab

例 25　***Login*** the correct website. Please make sure you directly ***input*** the website address: http://www.boc.cn when visiting the official website of Bank of China. —Bank of China.

指导类言语行为一方面能够展示企业周到与专业的服务，消解客户对风险的担忧；另一方面有助于建构企业贴心的服务者身份。相比而言，美企网站中指导类言语行为使用更多，还借助相关视频更为生动、直观地展示具体操作过程，如图 6.2 所示，美企 Chase 以视频形式指导客户如何更换丢失的银行卡等相关操作，较之文字叙述更为直观有效，据统计，8 家美企网站中呈现出指导性视频，而中企网站中则没有相关信息，中国企业多以文字陈述为主。

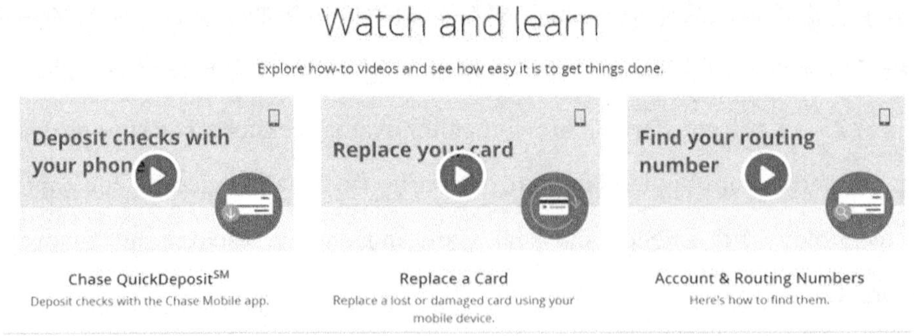

图 6.2　美企网站中的指导性视频（来源：Chase 官网）

（8）表达类（Expressing）

表达类言语行为能够直观呈现企业人际性的一面，将企业拟人化，赋予企业人类情感、态度；往往用以表达对受众的关心、支持等情感（emotion）或对事物的立场态度（attitude/opinion）（Li & Wu, 2018）。如例 26 中，Wells

Fargo 以口语化形式表达对疫情下的客户支持，尽管未使用直观的情感类形容词，但具有很强的情感性，企业以朋友的口吻问候与关心受众，能够唤起受众的情感共鸣和信任，建构其同伴身份（Feng, 2017）。沟通信息的人际性与情感性有助于提升受众的参与性（Biber, 1995: 145），拉近两者间的心理距离，使得企业与受众不再作为简单的信息输出方和接收方，而更像朋友之间展开对话。相比而言，中企身份话语类似的口语化表达较少，这一发现与 Liu 和 Wu（2015）的研究结果一致，中国企业倾向于采用非人际性沟通方式。例 27 中，美企使用态度标记语 integral 直观强调员工对企业发展的重要性，与主题内容层面分析结果一致，美企受个人主义文化影响，重视员工个体发展。

例 26　We're here for you. —Wells Fargo

例 27　Employee resource groups are ***integral*** to our winning culture and global success. —BNY Mellon

中企身份话语较为正式，情感表达类言语行为使用较少，多为立场态度表达类。如例 28 中，企业强调认识到乡村振兴战略的重要性及其机遇（该战略是党的十九大报告中提出的重要战略部署），并倾向于借此突出国家归属感，将自身发展与国家发展相联系（史兴松、程霞，2021）。

例 28　PSBC is fully aware of the ***significance*** of and the ***important opportunities*** brought by the ***rural revitalization strategy***. —Postal Savings Bank of China

（9）分享故事类（Sharing stories）

美企还使用“讲故事”的言语行为，常以图文形式呈现，增加信息的真实性，如通过分享员工故事（图 6.3）、企业社区服务、企业历史故事等将企业文化、企业行为更为生动、直观地向受众呈现。图 6.3 所示美企 JP Morgan Chase＆Co.通过介绍不同背景的员工故事展示企业文化的多元与包容性，以当事人分享故事形式进行企业文化宣传更能引起受众的情感信赖。与视角化策略分析类似，美企身份话语呈现出多方主体参与的多声现象（polyphony），参与主体通过分享自身经历展示企业文化、企业社会责任等，与企业共同协商、建构企业身份（Feng, 2017）。娓娓道来的故事情节增强了信息的对话性，更能赢得读者的情感信赖。

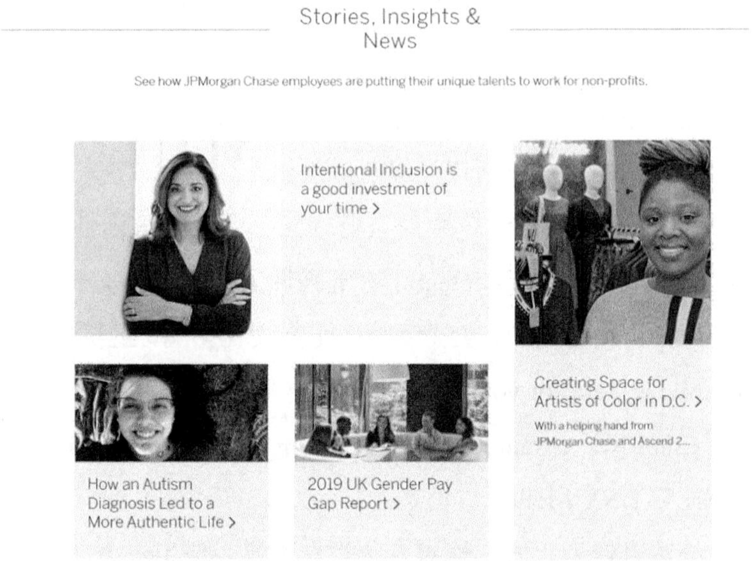

图 6.3　美企网站中故事分享类言语行为表现
（来源：JP Morgan Chase＆Co.官网）

企业还以故事分享形式展示企业的社会贡献、公益项目等社会责任活动，如下文例 29 摘录了美企 BB＆T 网站中呈现的企业社会服务项目 Creating Positive Pathways for Refugees and Immigrants，企业以项目受益人 Kaoui 的口吻详细叙述了项目实施的具体过程，同时表示对项目的肯定，故事分享增加了信息的客观性与真实性，也从侧面积极建构了企业的“社会贡献者”身份。此外，美企身份话语中还包括客户、社区成员等故事分享类言语行为。相比而言，中企网站中缺少此类言语行为。

例 29　“This program is so good and means so much to me,” Kaoui said, “It’s making my future and my family’s future possible.”—BB＆T

（10）超链接（Hypertexting）

新媒体环境中语言与符号特征也是构成言语行为的重要元素（李朝渊、吴冬英，2016）。类似于社交媒体中的分享与转发，企业网站话语也具有自身独特性，网站中的超链接是企业身份话语的重要言语行为，相对而言，美企网站中使用更为频繁。美企在自我建构身份时倾向于借助网站中超链接形式增加网站互动性，同时引导受众进一步了解企业相关信息，尤其在展示企业联系方式时，如下文例 30、例 31 展示的美国企业 Key Bank、New York Mellon 在 Contact us 中均使用超链接方式（例句中以划线文字表示其超链接）使受众能够便捷地实现与企业的互动，也侧面反映了企业细心体贴的一面，建构企业关怀备至的同伴身份（companion identity）。

例 30　Contact us to waive certain service charges on our checking and savings accounts. —Key Bank

例 31　Want to learn more about Our Story? Contact us→ —New York Mellon

例 32 M&T bank 同样以朋友关怀的口吻与受众沟通，体现了企业关怀受众需求，为受众考虑，同时在文本“let’s talk”中嵌入超链接形式，增加企业身份话语的互动性，使企业与读者间的关系更为亲近，有助于唤起受众的情感共鸣与信赖。

例 32　Questions? Take a minute to let us know the best way for us to reach you, and we will be in touch shortly. Let’s talk→. —M&T bank

综上，中企网站中使用的言语行为策略主要集中于叙事类、报告类、褒奖类及建议类等行为，主要实现的交际目的为宣传企业资产规模、企业能力，建构企业有竞争力的身份类型。而美国企业身份话语互动性较强，采用了上述提及的所有言语行为类型，美企除披露企业能力相关信息外，还注重实现企业与受众的关系身份建构，建构其支持关心客户的同伴身份、细心指导的专业服务提供者身份、沟通者身份类型等。美企倾向于采用多元动态的话语沟通形式，避免了单一陈述式沟通的乏味，一方面增强了话语的互动性，有助于唤起受众的积极响应；另一方面表现出企业的人际性，有助于拉近与受众间的关系，从而将企业建构为“沟通者”，而不仅仅作为信息“播报者”。

6.2.3　中美企业身份类型对比

总结上述两国企业在语用沟通策略方面的具体表现（如表 6.5 所示），从视角化策略分析而言，中企概况主要以自我叙述为主，企业以“自构身份”为主，而美企除了“自构身份”外，还进行了多方主体参与的他构身份。两国企业在进行“他构身份”时选择的话语主体存在差异，中国企业主要以第三方评价机构为主；而美企话语涉及的主体较为多元化，包括领导者、员工、第三方评价机构以及客户。

就言语行为策略而言，Brewer 和 Gardner（1996）从心理学视角将自我呈现分为三个层面，分别为个体自我（personal self）、关系自我（relational self）及集体自我（collective self），其中个体自我则主要反映个体自身独特特征，关系自我则表示从与他人关系中获得的自我概念与认同；而集体自我则表示从群体归属中获得的认同。依循上述分类，Li 和 Wu（2018）探讨了跨国企业在社交媒体中的关系言语行为及身份建构，并将企业建构的自我身份分为个体自我（personal self）与关系自我（relational self），其中，“个体自我”主要用于呈现企业自身特征，如披露企业信息、产品服务及企业活动等言语行为，而“关系自我”则主要指与公众建立并维持关系，主要表现为问候类、指导类、表达类、分享类及转发类言语行为。本文则进一步结合网站话语特征对中美企业关系言语行为进行统计分析（结果如表 6. 5 所示）。

表 6.5　中美企业身份话语语用策略分布

语用沟通策略	具体表现	中国企业	美国企业	身份类型
视角化策略	企业自述视角	√	√	自构身份（self-constructed identity）
	员工视角	×	√	他构身份（co-constructed identity）
	第三方机构	√	√	
	领导者视角	×	√	
	客户视角	×	√	

续表

语用沟通策略	具体表现	中国企业	美国企业	身份类型
言语行为策略	报告类	√	√	个体自我（personal self）
	叙事类	√	√	
	褒奖类	√	√	
	寻求反馈类	×	√	关系自我（relational self）
	建议类	√	√	
	请求类	√	√	
	指导类	√	√	
	表达类	√	√	
	故事分享类	×	√	
	超链接	×	√	

注：√表示企业使用了该语用策略；×表示未使用该语用策略

由表 6.5 可见，中企主要采用叙事类、报告类及褒奖类等言语行为突出企业简介、行业排名及荣誉等个体信息，建构企业“个体自我”身份；而美企身份话语中言语行为更为丰富，除了宣传企业“个体自我”特征外，企业身份话语更具口语化、互动性及情感性，以建构、维护公众关系为导向的言语行为使用更多，如寻求反馈类、建议类、请求类、指导类、故事分享类、表达类及超链接。与 Li 和 Wu（2018）针对跨国企业社交媒体话语（X 和微博）中的言语行为分析发现一致，美企网站身份话语中同样使用表达类、指导类、故事分享类等多种关系言语行为，重视企业 “关系自我”的呈现，将企业建构为关怀员工、客户的“同伴身份”，悉心指导客户的“服务提供者身份”以及耐心听取意见的“沟通者”身份等。然而，中企网站身份话语中以报告类、叙事类、褒奖类等披露企业自身信息为主，通过披露企业资产、悠久历史、发展历程、业务类型等相关信息，突出企业自身实力，建构其有竞争力的个体身份类型。较之 Li 和 Wu（2018）针对跨国企业社交媒体话语中关系言语行为研究发现，中企网站身份话语对表达类、故事分享类等关系类言语行为则使用较少，这一差异主要源于媒介平台本身的差异性。

6.3 本章小结

本章从语篇语用层面探讨了中美两国企业网站身份话语建构策略及企业身份类型，包括语篇层面的沟通形式，以及语用层面的视角化策略和言语行为策略。

6.1 从语篇沟通方面探讨两国企业网站的沟通方式及其倾向于建构的企业–公众关系身份。基于 Grunig 和 Hunt（1984）对企业沟通方式分类及 Kent 和 Taylor（1998）的对话理论，结合网站互动性及话语交互性特征分析发现：中企网站主要以单向公共信息式沟通为主，网站互动性特征主要表现为导航地图、联系方式、客服热线及常见问题问答等，互动性与公众参与性程度较低。就话语交互性而言，研究借助语料库工具 MAT 对两国企业身份话语进行多维话语特征分析发现，中企身份话语交互性弱于美企，相对缺乏互动性与人际性，突出建构其“新闻播报者”（journalist）身份；而美企网站含有视频、客户评论栏、在线聊天框等更具互动性与参与性的特征，同时美企身份话语更具交互性与对话性，多使用疑问句、祈使句等对话性沟通方式，建构企业的“沟通者”身份。

6.2 从语用层面探讨两国企业网站话语中呈现的视角化策略与言语行为策略及相应建构的身份类型，研究证实身份是由多元主体共同协商建构的话语实践产物。相对而言，中企身份建构中的参与主体较少，主要涉及权威杂志等第三方评价机构；而美企身份话语中呈现出多方主体参与的多声现象，企业通过引述员工、客户、领导者及第三方机构凸显企业不同身份维度，如企业多元文化、优质服务、管理理念及资质荣誉等，更为全面、积极地建构企业身份。中企以自我陈述的“自构身份”为主，而美企除“自构身份”外，还表现出多方积极参与、建构的“他构身份”。随后，进一步基于关系言语行为分类，结合语用身份理论探讨两国企业身份话语中言语行为表现，研究发现中企主要以宣传企业自身特征为主，采用“叙事类”“褒奖类”及“报告类”等言语行为，突出建构企业“个体自我”身份；而美企身份话语中关系言语行为更为丰富，重视建立与维护企业与公众关系，突出建构企业“关系自我”身份。

语篇语用层面分别从沟通方式及语用特征探讨了两国企业如何与公众互动，建构其关系身份。各种沟通策略之间相互关联、相互影响，一定程度上语用沟通策略服务于语篇沟通策略，比如美企通过使用多种关系类言语行提升了网站的对话潜力，同时引述多方话语主体也是企业对话式沟通的重要特征（Heath et al., 2006）。从文化视角解读，受个人主义文化影响，美企更强调企业与受众间的平等对话，因此其更倾向于采用对话式沟通；而中企受高权力距离文化影响，企业与受众间的社会距离相对更远，网站对话性及话语交互性更弱，企业更倾向于向受众单向传达信息。

第 7 章

中美银行企业网站身份话语建构——词汇语法层面

词汇语法层面的语言特征也是企业身份建构的重要话语策略。词汇语法层面的话语策略分析能够更为细致地揭示企业如何通过特定词汇选择及语法选择突出企业的不同自我维度，同时能够进一步佐证话语主题内容层面与语篇语用层面的话语策略分析。依循前人对词汇语法方面的语言特征与企业身份的相关研究，本章主要探讨两国企业分别在高频词、指称词、词性分布（尤其关注动词使用情况）等词汇特征方面的表现差异。现有研究已证实上述词汇特征分析对剖析企业身份建构的修辞性策略具有重要意义，高频实词能够反映话语主体的所作所为、所思所想，可直接用于其形象塑造（胡开宝、盛丹丹，2020）；指称词（称呼语）则是身份的外显标记，言语主体可根据不同语用需求选择不同的自我称呼和他者称呼（袁周敏，2011a；2012）。此外，系统功能语言学视角下的及物性过程分析有助于解读机构（企业）的自我认知与情感立场（柴改英、刘佳丽，2019），从而分析企业试图凸显的身份特征。因此本节将首先从高频词分析入手，借助语料库工具 Wmatrix 自动生成的高频词表（Word list）、词性（Part of Speech，简称 POS）分布及相应的索引（Concordance）分析，以及 Sketch Engine 的 Word Sketch、Concordance 等功能能够对特定词汇的前置、后置搭配词进行全方位分析；最后对及物性小句过程进行定性分析。

7.1 中美企业身份话语–词汇特征分析

7.1.1 高频词分析

高频词能够反映两国企业较为关注的内容，进一步佐证话语主题内容策略的分析结果。首先基于 Wmatrix 词表（Word list）功能对两国企业身份话语进行高频词分析，剔除介词、冠词、连词等功能性词汇发现，中企身份话语排名前十的高频实词分别为 bank、management、financial、China、business、served、director、corporate、development、committee；而美企身份话语排前十高频实词为 our、we、employees、communities、business、clients、customers、diversity、financial、global。从高频词分析入手，我们发现两国企业排名第一的高频词均是自指称呼语，即 bank、we、our（后文 7.1.2 将详细探讨指称词使用），高频词 financial、business 用以介绍企业业务，属其行业属性类词汇，在两国企业身份话语中均高频出现。

除了上述共性之外，中企高频使用名词 management、director、committee 分别用以呈现企业高级管理层（senior management）、董事会及审计委员会等，均属于对企业组织架构的介绍，再次证实中企强调管理层级，倾向于建构管理分明的权威身份，这与中国高权力距离文化有关。中企使用的高频动词 served 用于描述企业行为，例如，例 1 强调中国银行作为奥运会的官方合作伙伴，将是国内唯一服务两届奥运会的银行，同样用于突出企业竞争力。除此之外，served 还用于介绍领导者履职经历（如：Mr Xia has served as a director since...），突出领导者的管理能力，侧面反映企业实力。

例 1　Having ***served*** the Beijing 2008 Olympic Games，the Bank became the official banking partner of the Beijing 2022 Olympic and Paralympic Winter Games in 2017，thus making it the only bank in China to serve two Olympic Games. —Bank of China

此外，中企倾向于强调国家（China、Chinese）、政府等集体名词，或将自身发展战略与整个行业发展相关联，如例 2 中，中企强调企业服务大众及促进国家金融服务业发展的决心，重视集体利益，将自身发展与行业发展相关联，突出建构企业的集体身份。这与中国的集体主义文化是密不可分的（Hofstede et al., 2010：97），该文化较为重视集体利益，因而中企倾向于强调企业服务地方、国家整体利益，表达企业的地方、国家归属。其他高频词 corporate、development 的主要搭配形式为 corporate governance、sustainable development strategy，分别描述企业治理及可持续发展战略。

例 2　Fulfilling its commitment to serving the public and developing **China**'s financial services sector, the Bank rose to a leading position in the **Chinese** financial industry… —Bank of China

综上，除了自我指称词外，中企身份话语中前十个高频词主要介绍企业组织架构，包括对管理层级及领导人履历的介绍；以及企业发展战略、“服务地方经济及整个行业发展”的责任担当。与第 5 章话语主题内容层面针对企业文本身份话语分析结果一致，中企受高权力距离文化影响，企业倾向于建构其管理层级分明的权威身份；同时受集体主义文化影响，企业侧重将自身发展战略与地方政府、地方经济等集体利益相联系，建构企业服务地方的责任担当者身份。这一研究发现与 Li 和 Chow（2023）针对中国制造业企业简介话语建构的企业品牌身份一致，中国企业倾向于突出其与政府的亲密关系，建构其顺从（obedient）身份（p.6）。

相比而言，美企高频词中提及 employees、communities、clients、customers 多种利益相关者，而中企身份话语高频词中只提及一种利益相关者，即董事（director），用以描述企业组织架构。借助 Sketch Engine 的 Word Sketch 功能，对具体高频词的搭配词进行更为直观全面呈现，并对各高频词进行索引分析。美企身份话语中 employees 出现频次最高，如图 7.1 所示，employees 的前置搭配动词为 encourage、support、help、enable、empower、provide，将美企塑造为积极施动者，全力支持和帮助员工发展，包括提供有竞争力的薪酬、技术培训等，表达企业的员工关怀；再次证实美企倾向于采用企业社会责任沟通策略，注重员工个体利益。

/ells Fargo We're taking action every day to **support** our	**employees**	, customers, and communities during this challenging tim
:sourced communities around the world, while **providing**	**employees**	with an opportunity to develop leadership skills and enha
:her. </s><s> Workplace giving: Wells Fargo **encourages**	**employees**	to contribute to the communities where they live and wor
Banking. </s><s> The bank has also **equipped** its branch	**employees**	with the skills to guide customers in the most effective us
) COVID-19 We're taking action every day to **support** our	**employees**	, customers, and communities during this challenging tim
ft. </s><s> We're taking action every day to **support** our	**employees**	, customers, and communities during this challenging tim
› Realize the power of our people. </s><s> We **want** our	**employees**	to reach their full potential. </s><s> We believe that dive
of the tools and processes we have in place to **guide** our	**employees**	is our Code of Conduct. </s><s> The Code, along with ou
)moting a diverse and inclusive workforce to **support** our	**employees**	and better serve customers, clients and shareholders. </s:
ıolder interests. </s><s> We're committed to **paying** our	**employees**	competitively based on what the role requires and how th
ıolder interests. </s><s> We're committed to paying our	**employees**	competitively **based** on what the role requires and how th
:sses and roles by enhancing internal mobility to **provide**	**employees**	better visibility and greater cross-functional opportunities
veb- based training to eBooks and videos – **ensuring** our	**employees**	can access what they need when they need it to develop :
rs and clients. </s><s> Our innovative Learning Hub **lets**	**employees**	create personalized learning plans tailored to their roles a

图 7.1　中企身份话语中 employees 的前置动词搭配情况

employees 后置搭配动词为 volunteer、create、multiply（如图 7.2 所示），企业将员工描述为施动者，介绍员工社区贡献、志愿服务及薪酬待遇等。除此之外，图 7.2 所示的 employee 的其他搭配索引如 feel appreciated and engaged、create personalized learning platform、achieve their personal career goals 仍重在突出美企关怀员工的具体举措，如企业提供的员工多元包容文

; philanthropy program so robust is the generosity of our	**employees**	who **multiply** our community impact, locally and collectiv
ıpact, locally and collectively. </s><s> Each year, eligible	**employees**	**receive** 16 hours of paid volunteer time to give back to lo
ımunities where they live and work. </s><s> In 2019, our	**employees**	**volunteered** more than 1.9 million hours for charitable or
› Wells Fargo BuildsSM program: Each year, thousands of	**employees**	**volunteer** to build, renovate, paint, or repair hundreds of
Building financial literacy programs In 1981, Wells Fargo	**employees**	**joined** with a local radio station in California to produce a
zations in 2018, and we introduced enhancements to our	**employee**	**giving** and matching gift programs. </s><s> For 2019, w
2018, nearly 40,000 of our Consumer and Small Business	**employees**	**completed** a learning curriculum, giving them more skills
n colleges and universities); we helped more than 17,000	**employees**	**find** new roles in the bank; and 86 percent of eligible mar
serve. </s><s> This means being a workplace where our	**employees**	**feel** appreciated and engaged, and can build their careers
through ongoing dialogue with their manager. </s> <s>	**Employees**	**have** a performance plan that helps them focus on specifi
;. </s><s> In particular, we monitor the compensation of	**employees**	who **are** paid hourly to help align their wages with industı
:ompany is at the core of everything we do. </s><s> Our	**employees**	**are** our most valuable resource, and one of the most impc
·rs and clients. </s><s> Our innovative Learning Hub lets	**employees**	**create** personalized learning plans tailored to their roles ε
other. </s><s> We've made great progress in helping all	**employees**	**achieve** their personal career goals and better support ou

图 7.2　中企身份话语中 employees 的后置动词搭配情况

化、课程学习、职业生涯规划等。直观具体的举措介绍增强了信息的可靠性与劝说性，有助于赢得现有员工及潜在求职者的情感信赖，建构企业“最佳雇主”身份。从文化视角解读，美国属低语境文化（Hall, 1976），美企倾向采用较为直接、具体化的信息沟通方式，受众较少依赖语境就可以对企业沟通内容进行解码。

类似地，分别对 communities，client，customer 进行 Word Sketch 及索引分析发现，美企身份话语中 communities 出现 464 次，前置搭配动词主要为 support、strengthen、serve、help、build，用于呈现企业对社区的支持、帮助（如例 3）；client、customer 分别出现 393、456 次，主要搭配动词为 serve、help、understand、support 描述企业客户至上的服务理念（如例 4、5）。与前文从主题内容层面及语篇语用层面分析发现一致，美企重视突出对各利益相关者的关怀，建构其社会贡献者身份。此外，美企重视突出其客户服务，建构其作为服务提供者的主要身份类型。

例 3　We're ***building*** stronger ***communities*** every day with our commitment to hands-on volunteerism. —Key

例 4　We always aim to exceed expectations and ***serve*** our ***clients*** in unexpected ways. —First Republic Bank

例 5　Citizens ***helps*** its ***customers*** reach their potential by listening to them and by understanding their needs in order to offer tailored advice，ideas and solutions. —Citizens

此外，美企身份话语中 diversity 高频出现，与前文针对企业身份话语主题语义域分析结果一致，美企重视突出企业多元包容文化，强调企业“员工关怀”。高频词 global 在美企身份话语中出现 189 次，主要搭配短语为 global company/business/strategy/reach/challenge/crisis，一方面用以呈现企业的全球服务能力、战略及企业定位，另一方面展示企业对所面临全球性风险的认知。美企表现出更为明确的全球性定位，通过介绍其全球性服务、员工等建构企业全球性的身份类型（如例 6），而中企身份话语中 global 只出现 40 次，主要用于描述企业在全球性行业榜单中排名（如例 7），通过引述第三方评价机构建构企业具有竞争力的身份类型。

例 6　We are Citi, the ***global*** bank—an institution connecting millions of people across hundreds of countries and cities. —Citi

例 7　Bank of Nanjing ranked #273 by capital capacity among top 1000 ***global*** banks. —Bank of Nanjing

综上，美企身份话语中提及员工、社区、顾客等多种利益相关者，重视呈现企业多元文化、服务社区及客户至上的社会贡献，再次证实美企侧重企业社会责任沟通策略，建构企业“社会贡献者”身份；同时高频使用 global 突出建构企业“全球服务提供者”身份。与美企相比，中企身份话语前十高频词中只提及企业董事，而顾客（customer）仅排名第 12 位，其他利益相关者提及更少。高频词 development、management、committee 则分别呈现企业发展战略、企业管理及组织架构，再次证实中企倾向于采用企业能力沟通策略，突出企业治理能力。这些高频词在词汇语法层面进一步佐证了话语主题内容及语篇语用层面的分析发现，即美企侧重表达企业社会责任，中企倾向于突出企业能力。

7.1.2　指称词分析

上文高频词分析发现，两国企业身份话语中出现最为频繁的词汇均为自指称呼语。称呼语是身份最明显的标志（陈新仁，2014）。Bucholtz 和 Hall（2005）指出身份建构的重要原则之一为指示原则（Indexicality），指示原则能够揭示语言特征与身份建构的内在机制。Wodak（2001: 73）指出指称策略（referential/nomination）指通过成员分类，生物学、自然化及去人格化的隐喻及转喻形式对话语主体进行自我或者他者指称。指称策略分析能够揭示发话主体试图建构的群内或群外身份（Tajfel & Turner, 1986；柴改英、韩骅，2017）。

本节主要探讨两国企业身份话语中指称语使用特征，包括企业自指称呼语、第二人称代词及领导者称呼语。

7.1.2.1　企业自指称呼语

Wmatrix 生成的词表显示中企倾向于使用 the bank 自称，表达“企业的”语义时则使用“bank’s”，通过非人称化且较为正式的表述方式有助于维持与客户间的距离，如例 8 中中国建设银行以 the bank 自称，从第三人称视角出发向受众客观介绍企业服务，较难察觉文本作者与读者受众在语篇中的参与性，企业试图以此增强信息的客观性。

例 8　The ***Bank*** provides customers with comprehensive financial services, including personal banking, corporate banking, investment and wealth management. —China Construction Bank

中企倾向于采用非人际性沟通方式，表现为信息的单向输出，降低了受众对文本观点表达的参与性，突出企业与受众间的等级性与不平等性（hierarchy），倾向于建构企业独立于读者之外的群外身份（乌楠、张敬源，2019）。中企的非人际性沟通风格一方面反映出不同文化背景下，企业沟通中自我指称的差异性；受高权力距离文化影响，中企倾向于维持与客户间的距离；另一方面可能受传统中文正式文本写作风格的负迁移影响（Liu & Wu, 2015）；同时可能因英语教学中强调正式语篇中应尽量减少人称代词使用以体现语篇的客观性，因此翻译者在对企业官方话语表达中尽量减少了人称代词使用（王立非、部寒，2018），呈现出非人际性沟通风格。

相比而言，美企使用 we、our 等人称代词进行自我指称，将企业拟人化，拉近企业与受众间的距离（Degano, 2010；卢晶晶 2019），增强了身份话语的人际性与互动性，使企业更具亲和力。we、our 等指称词属于群内身份的话语标志（ingroup marker），是参与式交际方式（involvement）的重要表现（Tracy & Robles, 2013）。索引分析发现美企中使用的 we 包括：包含性 we（inclusive we）及排他性 we（exclusive we）。包含性 we 指代发话者及互动中其他所有交际主体；而排他性 we 主要指发话者本身（Darics＆Koller, 2019）。发话者如何自称不仅反映了其对自我概念的认知，同时会引导读者对话语内容的理解（袁周敏，2011a）。如例 9 中美企 Wells Fargo 使用的第一个 we 为排他性，主要指企业自身，而第二个 we 则为包含性的，将交际双方均纳入企业所属群体，拉近了企业与受众间的距离，引导受众理解并认同企业所表达观点，即企业努力履行对顾客、员工、投资者及与受众同处的环境的社会责任；试图凸显受众与企业的平等地位，建构受众与企业属于同一群体的“群内身份”。

例 9　***We*** strive to do our part to address climate change in alignment with our responsibility to our customers, employees, suppliers, investors, communities, and the environment ***we*** all share. —Wells Fargo

例 10 中美企使用的 we 为排他性 we，主要指代企业自身所属群体，尤其在企业价值观、企业战略呈现中，使用排他性 we 将内部员工纳入语篇，有助于唤起企业员工的群体认同与归属感，共同表达、履行顾客至上的服务理念；同时也有助于引导受众接受认可作者的观点（高芸，2018）。使用人称代词自我指称增强了文本建构者（此处指企业）与受众在语篇中的存在性与参与性（Hyland, 1998），有助于实现人际性沟通。

例 10　***We*** have to grow by delivering more for our customers and clients. —Bank of America

综上，两国企业的自我指称方式存在差异，中企倾向于使用非人际性的 the bank 指称自我，建构企业独立于受众的权威“群外身份”；而美企则多用 we 及 our 将员工或受众介入语篇，建构更具亲和力的“群内身份”。这一发现与乌楠、张敬源（2019）针对华为及苹果年报话语中的身份研究所得结论相反，他们发现中企侧重亲民身份建构，而美企侧重权威身份建构。这一差异可能源于两个研究所选企业性质不同。国内大多数银行资金雄厚，其行业性质使其在企业身份建构中重视维持权威地位，倾向于使用较为正式、非人际性的沟通风格。

7.1.2.2　第二人称代词

第二人称代词是介入性标记语的一种（Hyland, 2005），能够有效将“读者”纳入（involve）话语互动中，建构交际主体间的关系身份。6.1.2 语篇语用层面针对两国企业沟通方式的分析发现，美企身份话语更具交互性，而中企身份话语更具信息性；而第二人称代词是话语交互性的重要表现（Biber, 1988）。第二人称代词 you 在美企身份话语中出现更为频繁（2534.5/百万词），而在中企身份话语中仅为 418.25/百万词。传统意义上，第二人称代词 you 在较为正式的公共话语中出现较少，但随着公共话语的非正式化（informalization）（Fairclough, 1992），美企较多使用第二人称代词直接与受众进行对话。Breeze（2015）指出 you 不单单用于直接指称读者，能够发挥多元语用功能，如卫报社论中 you 可用以与读者生活建立联系、建立情感关系（building a bond）、表达对话语气（adopting a colloquial voice）、与读者互动（interacting with readers）等。人称代词的身份标识等语用功能并非体现在代词本身，而是代词引导的话语能够揭示交际者的身份类型（袁周敏，2020），因此需要对其引导的话语进行分析。借助 Sketch Engine 的索引分析功能分别获得两国企业身份话语中 you 的索引行，结合上下文语境分析发现中美企业身份话语中第二人称代词同样发挥多元语用功能，具体包括建立情感联系、表达对话语气及互动读者。

（1）建立情感联系（Building a bond）

除了用于指代读者外，美企还使用第二人称代词建构读者，将读者塑造为与企业处于同等地位，突出一种团结性（solidarity）（Breeze, 2015），从而建立与读者间的情感联系，如例 11 中，美企 Bank of America 在宣传企业多元包容文化时，试图建立应聘者与企业间的情感联系，we are you 将企业与潜在应聘者置于同一地位，能够打动求职者，并激发求职者的情感共鸣，从而凸显美企关怀员工的企业行为。同时，该例再次证实了美企身份话语中表达类言语行为的使用。you 的上述语用功能在中企身份话语中出现较少，主要用于表达企业经营理念，如例 12 中 you 指客户，突出招商银行“客户至上”的经营理念，容易激发顾客的情感信赖。

例 11　We see ***you***. Because we are ***you***. —Bank of America

例 12　We Are Here Just for ***You***. —China Merchants Bank

（2）表达对话语气（Adopting a colloquial voice）

6.1.2 中针对两国企业身份话语的多维特征分析发现，美企身份话语更具交互性。美企重视与读者间的对话式沟通，倾向于采用口语化交际表述风格，常使用第二人称代词直接与读者对话，并期望读者给予积极回应。如例 13 中，美企 State Street 期望与求职者进行对话，以口语化形式询问、对话求职者，并期望求职者做出肯定回答；而中企身份话语中口语化表达出现较少。

例 13　Each of our employees worldwide brings their own perspectives, experience, and insights to our company. Are ***you*** ready to make your mark? —State Street

（3）与读者互动（Interacting with readers）

两国企业还使用 you 与一系列祈使性动词、反问句等搭配，实现与受众的互动。较之对话式口吻，这一表述方式互动性可能相对较弱，中企身份话语中也有表现，如例 14，中企光大银行请求投资者提供联系方式，此时 you 起到与读者互动的作用。类似地，例 15 中，美企 Fifth Third 给受众提出指导性建议，并期望受众进行积极互动。

例 14　Please provide your contact information in the email and kindly specify if ***you*** are an individual investor, institutional investor or analyst. —China Everbright Bank

例 15　If ***you*** are a diverse supplier，please click here to register. —Fifth Third

综上，美企话语中第二人称代词的语用功能更为丰富，主要用于建立与受众的情感联系以及表达对话语气，一方面有助于企业建构其对话身份，另一方面有助于企业赢得受众情感信赖。中国企业中第二人称代词使用相对较少，主要体现在第三种语用功能，即与受众实现互动，多为对受众的指导性意见表达。

7.1.2.3　领导者称呼语

除了上述探讨的企业自指称呼语、第二人称代词外，领导者称呼语也是企业沟通风格的重要体现，能够反映权势、亲疏关系等（袁周敏，2011a）。Brown 和 Ford（1964）根据交际双方的亲疏关系将美国英语中的称呼语系统总结为三类语义模式：彼此直呼姓名（reciprocal exchange of first name）、彼此选用职位/头衔+名（reciprocal exchange of title +last name）以及非对称式称呼（nonreciprocal pattern）。尽管上述探讨的称呼系统主要使用在口语交际情境中，但同样适用于书面语篇中称呼语分析。

借助 Sketch Engine 的 Word list 功能分别对中美企业身份话语形成词表，随后细查词表发现，中企中高频使用表示领导者称呼或职位的词如 Mr（4327.6/百万词）、manager（2421.02/百万词）、president（1970.59/百万词）及 chairman（1407.57/百万词）；而美企中领导者称呼语出现较少，主要表现为 director（853.39/百万词）、managers（250.24/百万词），且出现频率较低。对上述提及的与领导者称呼相关的词汇进行索引分析发现，中企倾向于采用第二种称呼语系统，一般使用敬称“Mr+姓名”或“Mr+姓”等，其后置搭配词主要为 served、received，用于介绍领导者履职经历及教育背景。如例 16 中，招商银行在首次介绍领导时采用“Mr+姓名”非常正式的表述方式表达对领导的尊重，随后提及则采用“Mr+姓氏”，仍属比较正式的表达方式，暗含受众与领导间存在较远的社会距离，且关系较为疏远（Brown & Ford, 1964）。领导者称呼语中使用头衔是权力距离文化的标志（Singh et al., 2003；Singh＆Baack, 2004），中国属高权力距离文化，因此中企中领导者称呼语较为正式。而美企多采用第一种称呼语系统，直接称呼领导者姓名，如例 17 美企在首次提及领导时用姓名，再次提及时则只用姓，采用非正式化的交际风格，构建企业领导与受众间较为亲密的关系身份。

例 16　***Mr. Xia Yang*** is a senior economist and a senior accountant. ***Mr. Xia*** received a bachelor's degree in ...in 1988... —China Merchants Bank

例 17　***Brian Moynihan*** leads a team of more than 200,000 employees dedicated to making financial lives better for people... ***Moynihan*** participates in several organizations that... —Bank of America

交际过程中言说主体可通过借用称呼语引导听话者对说话主体身份进行重新界定与认知（袁周敏，2011a），上述针对人称代词及领导者称呼语的分析揭示了两国企业试图引导读者形成企业期望建构的身份认知，且与公众建构的远近亲疏关系不同。相对而言，中企使用的人称代词较少，倾向于保持与受众间的距离，突出企业权威身份，这与中国高权力距离文化具有一定关系；而美企较多使用 we、our、you 等人称代词，拉近与读者间距离，试图建构一种更为亲民的身份类型。中企对领导者称呼语采用比较正式的“头衔+姓名”，而美企则采用非正式的直呼其名，表达与读者间亲密、平等的关系身份。研究发现支持 Tracy 和 Robles（2013：188）提出的观点，即不同文化中人际性指称使用倾向存在差异，美国的言说主体倾向于采用参与式风格（involvement style），直接称呼姓名或绰号等；而中企则倾向于采用独立式风格（independence style）。

7.1.3　词性特征分析

词性特征分析能够了解两国企业文本身份话语整体呈现的词性分布，并为后续着重探讨其动词使用特点奠定基础。借助语料库工具 Wmarix 对两国企业文本身份话语的词性分布（POS）进行分析，并自动生成词性分布表（如表 7.1 所示）。由表 7.1 可见，两国企业身份话语共有词性体现在一般形容词（JJ）、一般形容词最高级（JJT）、副词最高级（RRT），且排名靠前，说明两国企业均重视采用如 best、excellent、biggest、strongest、most 等评价性词汇积极建构自我身份（如例 18、19），这与 van Dijk（2000: 44）的观点相符，即“意识形态话语的一般沟通策略通常表现为正面自我呈现（positive self-presentation）”。

例 18　JPMorgan Chase＆Co. is one of the world's ***oldest, largest*** and ***best-known*** financial institutions. —JPMorgan Chase＆Co.

例 19　With the outstanding performance and ***excellent*** financial products and services, Bank of Beijing has received high praise from the public and several honors such as… —Bank of Beijing

此外，由表 7.1 可见，中企身份话语中高频使用 NPM1（单数月份名词）（排名第 2），主要用于介绍企业发展历程及领导者履职经历，使用具体时间增加了中企身份话语的故事性。数量词（NNO）、基数词（MC）在中企概况中高频出现（分别排名 6、9），企业倾向于用具体数字佐证其“企业规模”“慈善捐助”等相关陈述，增强了企业话语可信度，如例 20 中，哈尔滨银行使用具体数字呈现企业总资产、客户存款总额等，突出企业业绩及实力。美企身份话语中也有类似情况，但 NNO2（复数数量词）、NNO（数量词）排名相对靠后（分别排名 25、28 位），主要用于介绍企业全球性业务、慈善活动等，如例 21 中，美企 JPMorgan Chase＆Co 列举具体数字呈现企业对受到疫情影响的社区、人员提供慈善支持，突出企业社会贡献。

例 20　By ***December 31, 2016***, Harbin Bank has totaled assets of RMB***539, 016.2 million***, customer loans and advances of RMB***201, 627.9 million*** and customer deposits of RMB***343, 151.0 million***. —Harbin Bank

例 21　We are also providing $50 ***million*** in philanthropic support to nonprofits working to help communities and people hit hardest by this public health crisis. —JPMorgan Chase＆Co.

表 7.1　中美企业身份话语词性分布表

排名	POS	美企词性分布	示例	排名	POS	中企词性分布	示例
1	PPIS2	第一人称代词复数	We	1	NN1	单数普通名词	bank、service
2	VV0	动词原形	serve、help、support	2	NPM1	单数月份名词	January 1984
3	NN2	复数普通名词	employees、communities	3	JJ	普通形容词	excellent、stale
4	APPGE	物主代词	our、your	6	NNO	数量词	million、hundred
7	VVG	动词 ING 分词形式	providing、helping	9	MC	基数词	1979、1994
8	JJT	形容词最高级	best、largest	11	VVG	动词 ING 分词形式	covering、adhering to
9	JJ	普通形容词	diverse、inclusive	12	JJT	形容词最高级	best、biggest
10	RRT	普通副词最高级	most、best	20	VHZ	has	has
11	VVZ	动词第三人称单数	offers、encourages、serves	21	RRT	普通副词最高级	best、biggest
15	RRR	普通副词比较级	more、better	23	RGT	程度副词最高级	most
25	NNO2	复数数量词	millions、hundreds	26	MD	序数词	first、second
26	VBR	系动词 are	Are	34	VV0	单个动词原形	build、strengthen
28	NNO	数量词	billion、trillion	-	-	-	-

美企概况中还高频使用第一人称代词复数（PPIS2）、物主代词（APPGE）（分别排名第 1、4），如 we、your、our 使企业沟通更具对话性，这一发现与王立非、部寒（2018）针对企业年报话语特征研究结果一致；再次证实了美企倾向于建构与受众的对话身份。

除了上述探讨的词性特征外，中美企业身份话语中的高频动词使用对探讨企业具体活动行为具有重要意义（胡开宝、盛丹丹，2020），下文将着重探讨其动词使用情况。由上文词性分布表 7.1 可见，美企身份话语中动词使用更为频繁，其中 VV0（动词原形）排名第 2，而中企中使用最频繁的动词 VVG（动词 ING 分词形式）排名第 11 位。汇总两国企业身份话语中的动词使用情况（见表 7.2）可知，中企概况中动词主要表现为 VVG（动词 ING 分词形式）、VHZ（has）及 VV0（动词原形）；而美企使用的动词表现为 VV0（动词原形）、VVG（动词 ING 分词形式）、VVZ（动词第三人称单数）及 VBR（系动词 are）。上述动词可进一步归类为 have（has）及其他实义动词两类，下文将分别做详细探讨。

表 7.2　中美企业身份话语中动词分布

中企概况	高频动词	美企概况	高频动词
VHZ（has）	has	VV0	help、support、deliver、strive、serve、work together
VVG	representing、providing、covering、operating、adhering、ranking	VVG	providing、helping、building、investing、working、delivering
VV0	build、strengthen	VVZ/VBR	offers、encourages、are

（1）动词 have（has）分析

利用语料库工具 Sketch Engine 的 Concordance 功能检索中企身份话语中 have 的具体使用情况发现，have/has 共出现 674 次（5421.14/百万词），近 93.3% 用作动词完成式，展示企业已取得的成就（629 次）；其余则用以呈现企业拥有的丰富资源（45 次，占比 6.7%）。随后利用 Sketch Engine 的 Word Sketch 功能对 have 进行检索，能够直观呈现 have 作为实义动词的修饰语、主语及宾语搭配。检索发现 have 一词在中企身份话语语料库中搭配宾语主要包括 subsidiary、outlet、branch、customer、set 等 15 种（如表 7.3 所示，完整列表详见附录 C），分别用以宣传企业规模（如搭配宾语 outlet、branch、asset、subsidiary、set、employees、deposit）、组织架构（如表示领导者管理经验的 year、structure、authority）及企业能力（qualification）等。

表 7.3　中国企业身份话语中 have 的宾语搭配情况

宾语搭配词	实例	频次（n）
year	Mr. Yi ***has*** over 20 ***years*** of experience in banking business operation	6
subsidiary	CMB ***has*** two ***subsidiaries***	5
branch	***has*** 45 tier-one ***branches***	4
customer	***had customers*** from over 200 countries and regions	4
asset	the Bank ***had*** total ***assets*** of RMB 19,570,061 million	2
employee	***had*** 7099 full-time ***employees***	2
qualification	***has qualifications f***or underwriting non-financial enterprises	2

由表 7.3 可见，与主题内容层面及语篇语用层面分析结果一致，中国企业更倾向于企业能力沟通策略，突出企业拥有（have）的资产规模、分支机构、员工数量、资质能力等；进而建构企业有竞争力的身份类型。同时受高权力距离文化影响，中国企业重视宣传领导者管理经验以及企业组织架构，强调管理者拥有（have）丰富的工作经验等，建构企业权威身份。

同理，利用语料库工具 Sketch Engine 对美企身份话语中 have 进行检索发现，美企概况中 have/has 共出现 1 070 次（6 865.62/百万词），其中 113 次（占比 10.6%）用做实义动词，描述企业拥有的资源。美企身份话语中 have 的宾语搭配词更为丰富，如 impact、access、commitment 等共 23 种（如表 7.4 所示，完整列表详见附录 C），多用以宣传美企活动对社区的积极影响、企业服务社区的决心、企业拥有的优秀员工团队及员工享有的平等权利等。

表 7.4　美国企业身份话语中 have 的宾语搭配情况

宾语搭配词	示例	频次（n）
impact	have ***impact*** in local communities	12
access	have equal ***access*** to resources	10
experience	has the ***experience*** and ability to empower them	7

续表

宾语搭配词	示例	频次（n）
opportunity	every person has the ***opportunity*** to grow and contribute	8
commitment	We have a long-term ***commitment*** to helping communities	6
interest	connect with colleagues who have similar ***interests***	5
team	we believe that having the best ***team*** positions us to meet the needs	5
ability	we have the ***ability*** to influence decisions related to human rights issues	4
power	women have the ***power*** to transform technology	4
policy	have ***policies*** and practices to protect our employees	4

与中企身份话语语料库中 have 情况不同，美企 have 的宾语搭配多为抽象类名词，如 impact、opportunity、role、commitment、access、power 等，对各宾语进行索引发现，美企用以宣传企业对员工发展、当地社区、环境及市场的积极贡献，同时强调员工个体潜力及个体发展对企业的积极贡献，如例 22 中，美企介绍了企业的社会服务项目（Women in Leadership）用以支持做出积极贡献的女性领导者，仍属对企业社会责任行为的宣传。而中企则多搭配具体类名词如 branch、subsidiaries、deposits、assets 等直观反映企业的硬实力指标，积极宣传企业能力，建构企业行业领导者身份。与主题内容层面的话语策略分析结果一致，美企倾向于采用企业社会责任沟通策略，且受个人主义文化影响，美企重视突出员工价值、员工关怀、性别平等价值倾向，建构企业社会责任履行者身份。

例 22　The Women in Leadership (WIL) program is an integrated development experience that is targeted to high-performing senior female leaders who ***have*** significant ***impact*** on the success of the Bank. —Fifth Third

按照 Halliday 和 Matthiessen（2004：170）在及物性系统（Transitivity System）中描述的六种过程，has（VHZ）常用于关系过程（relational process）中的属

有过程（possessive process），即载体（carrier）具有某属性（attributes），可赋予载体多种资源，而借助 Sketch Engine 的 Word Sketch 功能对 have 的搭配主语分析发现，中企身份话语中陈述的主要资源载体为 bank、leader、shareholder，可见中国企业主要赋予企业自身资源属性，同时突出领导者管理经验（如 have over 20 years of experience）以及股东权利（have rights to know and vote），再次表明中企倾向于采用企业能力沟通策略，且重视呈现其组织架构。相比而言，美企中 have 的搭配主语较为丰富，涉及 bank、customer、employee、leader、director 等多种主体，一方面用以赋予企业自身资源属性或用作现在完成式，突出企业、员工现已取得的成绩及做出的社会贡献（如 ***has*** committed $100 million in philanthropic grants…），另一方面强调员工、客户、领导者、社区人员等享有的权利（如例 23），这一微观语言特征再次证实了美企身份是经多方主体共同参与协商、建构的。

例 23　On average, our employees ***have*** a tenure that's twice as long as their counterparts at other banks. —M&T

（2）实义动词分析

除针对动词 have 使用情况分析外，研究进一步对两国企业身份话语中其他实义动词进行索引分析发现，美企中动词原形（VVO）及动词 ING 分词形式（VVG）主要表现为 help、support、providing 等积极施为类动词，这些动词语义清楚明确，表示企业采取的具体举措（胡开宝、盛丹丹，2020）。其中使用最多的动词为 help（3278.81 次/百万词），借助 Sketch Engine 的 Word Sketch 功能对其搭配宾语进行分析，分析结果见图 7.3。

由图 7.3 可见，美企身份话语中 help 搭配的宾语为 students、employees、customers、communities、women business owners 等具体服务对象，将企业自身塑造为积极施为者，帮助"学生、员工、顾客、社区、女性企业主"等多方群体。美企倾向于使用积极施为类动词描述企业具体服务活动及服务对象，突出建构企业"社会贡献者"身份，这与主题内容层面的话语策略分析一致，再次证实美企倾向于使用企业社会责任沟通策略。

nal financial services. </s><s> CollegeSTEPS® program provides guidance to	help	students manage their finances through college. </s><s> Advancing
rong as ever. </s><s> We have a tradition of providing courteous service and	helping	people reach their goals for financial success. </s><s> History of inclu
soldiers stationed in frontier forts. </s><s> In 1917, Wells Fargo money orders	helped	troops send money home to loved ones. </s><s> Today, service mem
own institutions." </s><s> Helping women business owners Wells Fargo Bank	helped	women business owners get started in 1869, co- signing incorporation
/s><s> Testifying was a small act in the face of widespread discrimination, but	helped	customers and the communities they lived in. </s><s> Honoring Alas
broadest array of solutions, both domestic and international, to our clients to	help	companies grow, improve cash flow and invest for the future. </s><s>
esponsible manner that serves our clients, shareholders, and communities, and	helps	the economy grow. </s><s> Whether investing in a small business, m
versation centered on our commitment to serve by bringing our capabilities to	help	clients be successful. </s><s> We ask this question of our customers,
perience and curriculum during school closures. </s><s> These resources will	help	educators and families ensure that tens of millions of students continu
and services we offer our clients, and the impact we make around the world in	helping	local economies thrive. </s><s> An important part of this work is form
<s> Delivering for our clients worldwide We have a long-term commitment to	helping	communities thrive and prosper- both economically and socially-with
best practices in areas such as disclosing comprehensive ESG information and	helping	investors understand how to interpret it. </s><s> Across the board, c
ing upReach's new Banking and Finance Springboard – a program designed to	help	90 students from less- advantaged backgrounds to access career opp
for customers, clients and each other. </s><s> We've made great progress in	helping	all employees achieve their personal career goals and better support o

图 7.3　美企身份话语中 help 的宾语搭配情况

中企中动词原形（VV0）主要表现为 serve、provide、establish，其中使用最多的动词为 serve，借助 Sketch Engine 的 Word Sketch 功能对其搭配宾语进行分析，结果如图 7.4 所示。

The Bank always keeps in mind its underlying mission of	serving	the real economy with its principal business, and along with the real economy
t and comprehensive balance of credit capital and better	serve	the macro - economic decision-makings". </s><s> Meanwhile, it decided to "s
Games in 2017, thus making it the only bank in China to	serve	two Olympic Games . </s><s> In 2018, Bank of China was again designated as
ancial resources, actively serve the "three critical battles",	serve	the development of the real economy, and foster a high-quality development
hts urged to set up China's own banks by advocating "to	serve	China with Chinese currency". </s><s> Bank of China was formerly known as t
s. </s><s> As a much favored portfolio, it is designed to	serve	the cross-regional trade between upstream enterprises and core enterprises in
italizing on our cost efficiency and economies of scale to	serve	our mass market customers more efficiently. </s><s> Products. </s><s> We i
rge number of rural grass-root outlets and its strength in	serving	agriculture , rural areas and farmers ("Sannong") in order to increase financial
hance its business capacity and quality, in a bid to better	serve	the national strategy , the real economy and the major tasks of Shanghai, and
utlets are set up in the villages and counties. </s><s> In	serving	the micro and small enterprises (MSEs), Hua Xia Bank launched the "Dragon Bc
orderly manner. </s><s> Enter the city deputy center to	serve	the new strategy of the capital Beijing bank was the first to set up a branch in t
echanism and to gradually carry out key works, including	serving	green innovation areas , supporting traditional green fields, enriching green fin
ng one side place, spreading warmth to the thousands", "	serving	the public , prospering local economy" Laixi Municipal Rural Cooperative Unior
ocal economic development", upholding service idea of "	serving	clients with sincerity, credit for thousands of households". </s><s> It has inno

图 7.4　中企身份话语中 serve 的宾语搭配情况

不同于美企身份话语中 help 的搭配宾语，中企使用的积极施为类动词 serve 搭配的宾语为表示集体概念意义的利益主体如 economy、national strategy、client、public 等，可见中企更倾向于突出企业发展对整个国家经济、国家发展战略及公众等相对宏观的利益主体的贡献，突出建构企业贯彻国家战略、服务地方经济的责任担当者身份及服务提供者的主要身份类型。这一发现与主题内容层面探讨的中企身份话语表现一致。同时中企提及的企业服务对象，如 real economy、public、financial industry 等词汇语义较为宽泛与抽象，对于处于低语境文化的外国读者而言，较难理解企业试图传达的企业社会责任行为；相反，具体明确的企业服务活动描述更易赢得受众信赖。从文化视角解读，受中国集体主义文化（Hofstede, 1980）影响，中企倾向于强调企业服务行业发展、国家经济等集体利益的社会目标（social goal）（Gould et al., 2000）。受高语境文化影响，中企身份话语所选词汇语义较为宏观与抽象，需要读者依赖其背景知识解读信息。

此外，中企还使用“representing an increase…”“ranking”“operating”“adhering to the rule…”等动词ING形式，分别从企业业绩、行业地位、经营范围及价值观等层面展现企业能力，如例24中企呈现其秉承“以市场为导向，以客户为中心”的经营理念，致力于发展成为世界一流银行的愿景，而描述企业具体活动类的动词相对较少。

例24 ***Adhering*** to the “market-oriented,customer-centric” business concept, the Bank is committed to developing itself into a world class banking group... — China Construction Bank

7.2 中美企业身份话语–及物性语法特征分析

除了上述词汇特征外，语法层面的及物性系统是人们表达对世界事物认知和态度的重要概念系统（Halliday & Matthiessen, 2004），也是建构形象的重要话语策略（柴改英、刘佳丽，2019；马伟林，崔彦杰，2020）。本节从及物性语法特征层面揭示中美企业身份建构策略的异同。Halliday 和 Matthiessen（2004: 170）将这种表达经验的及物性过程归类为：物质过程（material process）、心理过程（mental process）、关系过程（relational process）、行为过程（behavior process）、言语过程（verbal process）及存在过程（existential process），其中前三种是主要及物性过程，且每一种及物性过程都有其建构特定经验的模式（model/schema）。物质过程是表达外部经验的重要过程，包含动作者、动作和对象；心理过程则主要表达内部心理活动；关系过程则分为识别（identification）和分类（classification）过程，将两个事物联系起来；

言语过程则表达主体言说这一动作；行为过程是内部心理、生理活动的外在表现（如 people are laughing/sleeping）以及表达存在状态的存在过程。柴改英、刘佳丽（2019）在总结前人相关研究基础上对上述及物性系统进行了修正，提出由物质、言语、心理及关系四种过程组成的及物性系统，其中物质过程包含“发生和做”；言语过程为“说”；心理过程包含“情感”“感知”和“认知”；关系过程则包含“环境”“包孕”和“所属”。各个过程范畴核心内容相互排斥且又相互独立，并借此探讨了地方政府的外宣形象建构，证实了及物性过程分析对揭示外宣形象的重要性。

本节借鉴柴改英、刘佳丽（2019）修正后的及物性过程探讨中美企业身份话语中及物性小句类型的表现差异，着重探讨企业自身作为主体参与者（participant）的及物性过程类型。首先确定检索词，7.1 针对两国企业指称词使用分析发现，中企主要以 bank 自称，而美企主要以 we 自我指称，借助 Sketch Engine 的 Concordance 功能分别以 bank 和 we 为检索词检索中美两国企业身份话语语料库，分别获得中企 2 556 条索引行，美企 2 421 条索引行；随后逐条对各索引行进行人工筛查，剔除对企业之外的利益主体的叙述，如描述员工、领导者等其他群体，以及 bank 只作为句中宾语等其他成分的索引行；最后只保留将企业作为描述主体的索引行，最终筛选获得中企 528 个小句。由于美企中符合条件的索引行数量较多（1 632 条），为保证两者小句数量相当，从美企符合条件的索引行中随机选取 528 条，随后分别对筛选出来的描述两国企业的及物性小句过程进行分类，并统计汇总（见表 7.5）。

表 7.5　中美身份话语中及物性过程分布

及物性过程		中国企业（n/%）	美国企业（n/%）	χ^2
物质过程		323（60.3%）	269（50.2%）	9.447^{**}
心理过程	情感	31（5.8%）	68（12.7%）	15.235^{**}
	感知	10（1.9%）	94（17.5%）	75.135^{**}
	认知	47（8.8%）	25（4.7%）	7.206^{**}

续表

及物性过程		中国企业（n/%）	美国企业（n/%）	χ^2
关系过程	环境	0（0%）	11（2.1%）	11.114*
	包孕	78（14.6%）	34（6.3%）	19.302**
	所属	35（6.5%）	24（4.5%）	2.170
言语过程		12（2.2%）	11（2.1%）	0.044

注：**p＜0.01；*p＜0.05

由表 7.5 可见，两国企业在及物性小句中使用的物质过程均最多，柴改英、刘佳丽（2019）所提的物质过程包括发生的事（happening）和所做的事（doing）。企业话语中，物质过程旨在客观描述企业行为，对凸显企业“行动者形象”具有重要意义，两国企业均倾向于描述企业所做的事和过去发生的事进行身份建构，因中企倾向于介绍企业历史发展进程，因此其物质过程使用相对更多（$\chi^2=9.447^{**}$，$p<0.01$）（如例 25）。

例 25　The Bank was formally established in February 1912 following the approval of... —Bank of China

心理过程是对参与者主体心理活动，包括认知、情感及感知活动的描述。美企在情感、感知心理过程中使用均高于中国企业（$\chi^2=15.235^{**}$，$p<0.01$；$\chi^2=75.135^{**}$，$p<0.01$），如例 26、27 美企被拟人化，被赋予人类情感和感官感知能力，凸显出企业人际性的一面，更易建构企业关怀体贴的亲民身份；这再次证实了语篇语用层面的分析结果，即美企身份话语更具人际性，多使用“表达类”言语行为，试图获得受众的情感信赖。此外，中企使用的认知关系多于美企，往往用于表达企业对客观事物的认知决策（例如 28），赋予企业主观能动性。

例 26　We're ***happy*** to talk. —Chase

例 27　We are ***looking hard at*** how we treat an employee complaint when it comes in. —JP Morgan Chase & Co.

例 28　We share the same aspirations and ***focus on*** developing trust between each other. —Agriculture Bank of China

关系过程包括包孕关系和所属关系，能够描述企业“是什么”“有什么”，直观建构参与者主体身份，同时柴改英、刘佳丽（2019）还增加了环境关系，认为关系过程中两个参与者之间还存在“环境关系”。表 7.5 显示，关系过程中，中企身份话语中包孕关系使用显著高于美企（$\chi^2=19.302^{**}$，$p<0.01$），同时所属关系的使用频次也多于美企，可见中企倾向于采用关系过程赋予企业属性特征或描述企业所处地位，如例 29 中，中企借助包孕关系过程直观描述企业所处行业地位，再次证实了主题内容层面分析结果，即中企倾向于采用企业能力沟通策略，强调企业行业排名、所获荣誉等。此外，环境关系仅在美企身份话语中出现，非正式性、口语性较强，如例 30 中，美企主观陈述 we are here for all of you，语法层面上是对企业方位的环境关系叙述，实则意在表达企业对受众的情感关怀，容易赢得受众信赖。

例 29　Our Bank **was among** “Top 500 Chinese Enterprises in 2016” jointly announced by… —Guangzhou Rural Commercial Bank

例 30　And above all else，we are **here** for all of you. —JPMorgan Chase＆Co.

言语过程在两国企业身份话语中均使用较少，且没有显著差异，主要用于企业发布相关公告（如“announce a reorganization that…”）等。

7.3　中美企业身份对比

词汇语法层面的话语策略分析一定程度上能够揭示两国企业试图突出建构的企业身份类型，同时对话语主题内容层面及语篇语用层面的分析结果进行了佐证。首先，高频词分析发现两国企业使用的高频词排名第一的均为自指称呼语，此外，除了共有的用于描述企业业务的高频词汇 financial、business 外，中企高频使用 committee、directors、served 等介绍企业组织架构及管理者履历，突出建构其管理层级分明的权威身份，development 则突出企业发展战略、促进地方经济发展等。而美企则高频使用 our、we 等更具对话性的指称词，有助于拉近与读者间的距离，且提及员工（employees）、社区（community）、顾客（customers/clients）等多种利益相关者，突出建构企业服务多方利益主体、履行企业社会责任的“社会贡献者”身份。上述发现与主题内容层面的分析结果一致，进一步印证了中企倾向于采用企业能力沟通策略，且受集体主义文化影响，中企强调其管理层级分明；而美企倾向于采用企业社会责任沟通策略，且受个人主义文化影响，美企强调员工、顾客等多方利益主体。

在指称词方面，中国企业多以 the bank 自称，倾向于采用正式、官方的沟通风格，从第三方视角介绍企业相关信息，建构独立于受众的群外身份；而美企则以第一人称代词复数 we 指称自我，将受众纳入语篇，建构与受众、员工同属一个群体的群内身份。

此外，词性分布上，两国企业均倾向于使用形容词最高级、副词最高级如 best、biggest、strongest、most 等积极评价性词汇正面建构自我身份；中企还高频使用单数月份名词（NPM1）、数量词（NNO）、基数词（MC）等分别描述企业历史、企业规模等企业能力，而美企则高频使用第一人称代词复数（PPIS2）、物主代词（APPGE），如 we、your、our 增强了话语互动性，突出建构企业的对话身份。随后，本节着重探讨了两国企业动词使用情况，就 have 而言，中企主要用于呈现企业自身、领导者、股东等资源属性，突出其行业领导者身份；而美企则使用 have 赋予企业、员工、顾客等多方主体属性。其他实义动词使用中，中企高频使用 serve 一词，一方面用以介绍领导者履职经历，另一方面则呈现企业服务国家战略、地方经济发展的责任担当；此外，中企还使用 representing、ranking 等凸显企业业绩、地位等企业能力。美企则高频使用 help、support、provide 等积极施为类动词，搭配 employee、students 等多方利益主体，建构企业的社会贡献者身份。

及物性过程的语法特征分析发现，物质过程是两国企业使用最多的及物性过程类型，突出建构企业“行动者”身份。在心理过程表现中，美企使用的心理—情感过程与心理—感知过程显著多于中国企业，倾向于将企业拟人化，表达企业情感与心理感知，有助于唤起受众的情感信赖与认同，建构企业更具亲和力的亲民身份。关系过程中，中企使用的关系—包孕与关系—所属过程显著多于美国企业，借此展示企业行业地位及拥有的资源属性，有助于从理性认知层面赢得受众信赖，突出企业“行业领导者”的身份类型。

7.4 本章小结

本章从词汇语法层面探讨了中美企业身份话语在高频词、指称词及词性分布等词汇特征与及物性小句分布的语法特征的异同性，并探讨了两国企业分别建构的企业身份类型。徐珺、自正权（2020）指出企业简介中企业形象的语义建构包括“评价语义、商业语义、人际语义、时空语义与数量语义”。本章针对词汇语法层面的话语策略分析发现，两国企业在企业简介中对自我身份建构时同样呈现出上述五种语义，如使用评价语义中的积极评价性形容词、体现商业语义的业务相关词汇、人际语义中的人称代词、时空语义中的时间地点名词以及数量语义中的数量词等呈现企业业务、历史发展、行业地位等自我能力特征，同时关注企业与受众间亲近的关系身份建构。除了上述语义建构外，本研究发现两国企业还重在描述企业具体行为活动，突出“行为语义”，从而建构企业“行动者”身份，但两国企业对各语义使用侧重不同。中企对凸显企业能力的相关语义使用更多，如数量语义及时空语义，而美企身份话语中企业社会责任行为及公众关系维护相关的词汇及语法特征更为明显。词汇语法选择也是企业身份建构的重要话语策略，该层面呈现的语言特征进一步佐证了话语主题内容层面及语篇语用层面的分析结果。

第 8 章 结论与讨论

本研究首先基于语用身份理论、企业沟通理论、批评话语分析及跨文化相关理论，结合现有机构（企业）身份与话语互构研究、企业网站跨文化沟通研究，并综合考虑企业网站话语特征尝试建构了企业网站身份话语研究框架，指出企业网站身份话语建构具体体现在主题内容层面、语篇语用层面及词汇语法层面话语策略表现及其具体语言实现手段。不同话语层面通过其具体话语策略建构企业身份类型，同时企业网站身份话语实践受文化语境影响。中国企业网站外宣身份话语与美国企业网站身份话语研究离不开两国文化语境的影响。针对三个话语层面的企业网站身份建构，本研究结合基于语料库的话语分析、多模态话语分析、批评话语分析、内容分析法及跨文化对比分析等多种研究方法探讨两国企业在各话语层面的具体表现及试图建构的企业身份类型。研究发现，中美银行企业网站身份话语在各话语层面表现出一定的共同性与独特性。不同文化背景下企业身份话语建构策略的异同性，再次证实了身份的话语建构性与文化语境制约性。同时研究结果也对中国企业外宣身份建构具有重要启示，企业应根据不同交际语境、交际需求策略性选择话语主题内容、沟通方式及词汇语法特征等，从而建构其理想的企业身份类型。下文将总结本研究的主要发现、研究贡献，并基于本研究存在的局限性对未来研究提出展望。

8.1　主要研究结论

本研究选取中美两国优秀银行企业代表为研究样本，分别对比了两国样本企业网站身份话语呈现的主题内容策略、语篇语用策略及词汇语法特征等各话语层面的表现异同，并结合相关跨文化理论对研究结果进行适当阐释。研究结果对提升中国企业外宣身份建构、企业国际话语能力以及跨文化沟通能力具有重要实践意义。下文围绕本文的四个研究问题总结回顾主要研究发现：

研究问题 1 探讨主题内容层面中美企业网站身份话语建构策略与企业身份类型，即两国企业网站中文本身份话语与图片身份话语分别呈现的主题内容及相应建构的企业身份有何异同。本研究首先借助 Wmatrix 对两国企业文本身份话语进行主题语义域分析，探讨其各自突出的话语主题内容及建构的身份类型，研究发现中企突出介绍其发展历程、业务分布、行业地位等企业能力相关主题语义域，侧重企业能力沟通策略，将企业建构为“历史悠久、管理层级分明的服务提供者”；“业务分布广泛、管控风险的行业领导者”以及“贯彻国家战略、服务地方经济的责任担当者”。而美企侧重描述企业多元文化、员工志愿活动、关系维护等企业社会责任相关主题语义域；主要采用企业社会责任沟通策略，将企业建构为“业务能力过硬的服务提供者”、“关怀员工、服务社区、保护环境的社会贡献者”及“追求可持续发展理念、维护关系的合作者”。随后，采用多模态话语分析对比两国企业网站图片身份话语突出的图片参与者与图片主题及其建构的企业身份类型。研究发现，中企网站图片以非人物类参与者为主，如“鼎”“帆船”“雄鹰”“企业建筑”及“地图”等宣传企业精神、企业行业地位、企业管理、业务分布及企业历史等企业能力相关信息，突出建构其“行业竞争者”身份。相比而言，美企网站图片主要以员工、客户、社区人员等人物类参与者为主，突出员工服务、社会贡献、环境保护、供应商服务等话语主题，与文本身份话语分析结果一致，美企倾向于采用企业社会责任沟通策略，建构企业“社会贡献者”身份。同时两国企业图片均重视呈现“产品服务”主题，重视建构“服务提供者”的主要身份类型。两国企业网站图片意义建构方式同样存在一定差异，体现在图片拍摄视角、拍摄距离、人物眼神接触等。两国企业网站话语建构的企业身份呈现出多元性（heterogeneous identities）（Feng, 2017），通过文本、图片话语的主题内容选择建构了多元化的身份类型。

研究问题 2 关注语篇语用层面企业身份话语建构策略及其建构的身份类型，分别从企业网站沟通方式及语用策略展开。沟通方式方面，中企网站呈现的互动性特征较少，主要以单向公共信息式沟通为主，且中企身份话语交互性较弱，突出建构了企业“新闻播报者（journalist）”身份；而美企网站则具有客户评论栏、在线对话框、员工视频等多种互动性特征，同时美企话语交互性更强，侧重建构企业与受众积极互动的“沟通者（communicator）”身份。语用策略分别从视角化策略及言语行为策略展开，并探讨其建构的身份类型，研究发现中企主要以企业自我叙述为主，突出其“自构身份”，他者视角仅涉及第三方评价机构；而美企身份话语呈现“多声”（polyphony）现象（Zerfass et al., 2012；邓鹂鸣、周韵，2020），既重视企业自身积极建构的“自构身份”，同样突出由“员工、客户、领导者及第三方评价机构”多方共同参与建构的“他构身份”。就企业身份话语中的言语行为表现而言，中企主要采用报告类、叙事类及褒奖类言语行为，突出描述企业自身能力，包括企业资产规模、悠久历史、所获奖励排名等自我特征，以展示企业“个体自我（personal/individual self）”为主。而美企身份话语中言语行为表现较为丰富，除了上述三类言语行为之外，还使用表达类、请求类、建议类、寻求反馈类、指导类等七种言语行为，主要用于建构、维护与受众间的关系，试图从情感诉求（affective appeals）方面赢得受众信任，侧重突出其“关系自我（relational self）”。

研究问题 3 探讨企业身份话语在词汇语法层面的表现及相应建构的企业身份类型，具体借助 Wmatrix/Sketch Engine 等语料库工具对两国企业身份话语在高频词、指称词、词性分布与及物性过程等词汇语法特征进行探讨。高频词方面，自指称呼语在两国企业身份话语高频词中均排名第一位，中企特有高频词为 committee、directors、served 等，用以展示企业组织架构及领导者履历；而美企特有高频词为 employees、communities、customers、clients 等多方利益主体，用以凸显企业的社会贡献，再次印证了主题内容层面分析结果。指称词方面，中企主要以 the bank 自称，采用非人际性沟通方式，维持与受众间距离，倾向于建构企业独立于受众的权威群外身份；而美企则多以 we 自称，以更具对话性的人际沟通方式为主，突出建构企业与受众同属一个群体的群内身份。词性分布方面，两国企业均高频使用形容词最高级、副词最高级等积极评价性词汇对企业身份进行积极建构，同时也呈现出一定差异性，如中企身份话语突出使用数量词、单数月份名词等用于介绍企业资产规模、发展历程及领导者履职经历；而美企话语中特有词性为第一人称代词复数与物主代词等体现话语交互性的词汇，用于建构企业的对话身份。此外，在动词使用方面，美企多使用 provide、support、help 等积极施为类动词突出企业具体活动，积极建构企业社会贡献者身份，中企则高频使用 serve 突出企业服务地方经济、国家战略的责任担当，同时 representing an increase、ranking 高频出现用于展示企业成就及行业地位。与主题内容层面分析发现一致，美企倾向于建构服务多方利益主体的社会贡献者身份，而中企突出其服务地方经济的责任担当者身份及行业领导者身份。及物性过程方面，两国企业均重视采用物质过程呈现企业“行动者”身份，美企还突出使用心理过程，将企业拟人化，试图建立与受众的情感联系；而中企突出使用关系过程，赋予企业各种资源属性与行业地位，试图从理性认知层面赢得受众信赖。研究发现与语篇语用层面分析结果一致，美企重视建构“关系自我”的身份，而中企重视突出其“个体自我”的身份。

研究问题 4 关注两国文化对企业身份话语建构的影响及对提升我国企业外宣身份建构的启示。“企业身份建构实质是一种社会历史实践，受制于社会文化语境”（乌楠、张敬源，2019：228），本研究一定程度上证实了两国文化对企业身份话语的影响，证实了不同文化理念、意识形态尽管不能支配个体行为，但会影响个体，甚至机构沟通行为（Spencer-Oatey & Kádár, 2016）。通过前三个研究问题的探讨，我们发现两国企业网站身份在各话语层面表现出一定差异性。从国家文化视角解读，中国属集体主义及高权力距离文化，受此影响，中企身份话语较为重视呈现企业悠久历史、领导者履历、管理层级、组织架构、国家归属等主题内容。同时中国属高语境文化，受此影响中企网站图片意义传达较为含蓄、间接，倾向于采用具有象征意义的非人物类参与者，需要依赖读者对中国文化背景的了解解读图片意义。相比而言，美国属个体主义及低权力距离文化，受此影响，美企身份话语重视呈现员工关怀、多元文化、员工工作环境及社区服务等话语主题；美企网站图片以员工、顾客、社区人员等人物类参与者为主，在企业“组织架构”呈现中美企试图弱化领导者与员工间的等级距离，图片采用平视、近景拍摄，且采用横向对称形式排列。此外，在语用沟通方式中，同样受低权力距离文化影响，美企倾向于采用对话式沟通，拉近企业与受众间距离，突出其平等的对话身份。同时，美国属低语境文化，美企网站图片意义建构较为直接，图片中往往嵌有文字对图片进行直观阐释；且美企倾向于直观描述企业具体的服务活动及服务对象，突出企业社会责任行为。除了上述因文化差异表现出的明显差异性外，两国企业话语身份话语策略还呈现出一定的共性，如两国企业文本身份话语中均使用“帮助”语义域突出企业行为；均倾向于使用 great、excellent、best 等积极评价性词汇描述企业行业地位；均使用 business、financial 等企业业务相关高频词，建构企业作为金融服务提供者的主要身份。

8.2 研究启示与建议

两国企业网站身份话语在各层面表现的异同性对提升中企英文网站建设、中企网站外宣身份建构及企业国际话语能力具有重要实践意义。基于上述研究结果，本研究为中企网站外宣身份话语建构提出以下启示与建议：

（1）丰富身份话语主题内容，重视企业社会责任行为披露；企业外宣身份建构涉及不同文化群体间的跨文化沟通与交流，企业除了关照交际中的情境语境外，还应考虑宏观文化语境。本研究发现中企外宣身份话语建构过程中仍有提升空间。就身份话语主题内容而言，中企网站对企业社会责任行为披露有待提升。社会关怀是企业获取合法性身份的必要前提（Atakan-Dumana & Ozdora-Aksakb, 2014），尤其针对国外受众的英文官网，中国企业应提升对企业社会责任行为信息的披露，比如丰富对员工志愿活动、企业社会活动等相关内容描述。

（2）增强企业英文网站互动性与参与性特征，重视发挥网站对话沟通潜力；在网站沟通特征方面，尽管大多中企逐渐重视其英文官方网站建设及外宣身份建构，但研究发现大多中国样本企业英文官网主要发挥单向信息传播功能，展示企业产品服务信息、企业文化、组织架构等基本信息，并未充分利用网站与公众的对话沟通潜力。与美国样本企业网站相比，中企英文官方网站的模态丰富性、互动对话性明显较弱。中企网站应丰富话语模态、提升对话性，避免不对称的单向劝说性沟通，努力实现与受众的对话式沟通。对话式沟通对实现企业与公众的对称交流（Feng & Wu, 2016），改善企业形象、获得受众信赖具有重要意义。

（3）顺应话语趋势，增强网站身份话语互动性与情感性；本文调研结果显示中企网站身份话语的信息性较强、交互性较弱，沟通风格比较官方、正式。然而随着数字化时代的发展，话语非正式化（informalization）已逐渐渗透到公共话语体系（Fairclough, 1992；Breeze, 2015），如企业社交媒体与网站话语。中企应适当顺应话语趋势，增强话语的对话性与情感性，重视企业与公众的关系身份建构，这样更有助于唤起受众的情感共鸣。

（4）考虑受众的文化背景与接受度，重视跨文化调适。中企外宣话语虽以英文为媒介，但其呈现的具体内容很大程度上由其中文官网内容直译而来，而未针对国外受众进行适当跨文化调适，因此仍表现出比较典型的中国文化特征，如网站中组织架构呈现出较强等级、权势意识；企业概况中出现较多中国特色词汇，如使用政府工作报告中的国家发展战略相关词汇等，这些词汇意义较难被缺乏相关背景知识的外国受众理解与接受，反而可能会被歪曲解读。为了提升国外受众对中企网站外宣身份话语的认可度，中企英文官网中除了融入本土文化特色外，还应进行适当跨文化调适，适当弱化本国文化影响。

8.3　研究贡献

本研究从社会建构身份观出发，探讨了中美企业网站话语对身份的建构、协商功能，从多个话语层面对比了两国企业网站话语如何策略性建构多元的企业身份类型及文化语境对企业身份话语建构的影响。

理论层面，该研究丰富了语言学领域中的机构（企业）身份话语研究。本研究综合了语用身份理论、企业沟通理论、批评话语分析、跨文化理论等多学科理论，尝试建构了企业网站身份话语研究框架，为未来机构（企业）身份话语研究提供了一定理论支撑。较之先前研究中提出的机构（企业）身份话语研究框架，本研究框架考虑了网站话语本身的独特性及不同话语层面的建构策略，更具综合性与系统性，对当前蓬勃发展的新媒体平台中的身份话语研究具有重要理论意义。研究发现再次印证了企业网站身份话语建构是一种复杂的话语实践，表现在词汇选择、语法选择、语用方式、话语主题等不同策略使用中。企业网站身份并非先前存在的、固定不变的，具有建构性、修辞性、多元性及语境制约性。本研究从更为细致微观的话语层面探讨不同文化语境下两国企业网站身份话语的表现异同，将跨文化沟通具体落实到话语策略选择层面，一定程度上丰富了企业跨文化沟通研究。

实践层面，本研究探讨了中美两国不同文化语境下企业网站身份话语建构的异同，并基于研究结果为提升中企英文网站建设、中企外宣身份话语建构及企业跨文化沟通实践能力提供了重要参考借鉴。中国企业网站外宣身份话语建构不应是中文网站信息到英文网站内容的简单翻译，而涉及文化信息重构。上文针对中企外宣身份话语建构提出了针对性建议，强调中企英文网站在设计特征、文本及图片话语表达中均应考虑跨文化调适。此外，本研究详细探讨了中美两国企业网站身份话语在各层面的话语特征表现，研究发现对商务英语教学实践及培养学生的跨文化意识同样具有重要指导意义。

8.4 研究局限性及未来展望

本研究对比了中国企业英文官网与美国企业网站身份话语在各话语层面的策略表现以及相应建构的企业身份类型，以网站话语表征为主要考察点，主要关注企业自我身份建构视角，未考虑受众视角。未来研究可以结合对国外受众访谈，兼顾企业与受众双方视角考察受众对企业网站外宣话语身份的感知，进而探讨企业网站身份话语策略的效果。此外，该研究主要聚焦于网站中企业概况及网站首页图片，文本与图片话语语料库规模相对较小，未来研究可进一步通过增加样本企业数量、扩大研究语料范围等方式扩充语料库规模，从而更好发挥语料库分析工具的优势。

本研究主要聚焦于银行企业，研究结果能够为银行企业网站沟通提供重要参考借鉴，但针对其他行业的企业网站外宣身份建构仍需继续考察，如中国能源企业网站外宣身份话语建构时是否仍旧以企业能力策略为主，对企业责任信息披露如何。未来研究可以考虑纳入更多行业类型，对比不同行业企业网站身份话语建构的异同，了解不同行业企业网站外宣身份话语建构情况，如跨文化适应性等。

此外，该研究主要结合国家文化差异对研究结果进行了对比与适当阐释，未考虑企业文化、行业背景及技术文化可能带来的影响。未来研究可以对企业网站外宣部门相关工作人员进行访谈，综合行业内部视角更深入地探讨两国企业网站身份话语差异性的原因。同时，随着全球化及数字化的发展，企业网站沟通方式可能会表现出更多共同性。未来研究可以采用全球本土化视角探讨不同文化语境中企业网站的身份话语建构，在关注文化影响下的差异性之外，同样关注两国企业身份话语的共性与普遍性。

附录 A　中美样本企业及相应网站

表 A1　中国样本企业列表

Ranking	Name	Websites
1	Industrial and Commercial Bank of China	http://www. icbc.com.cn/ICBCLtd/en/default
2	China Construction Bank	http://www.ccb.com/en/home/indexv3
3	Agricultural Bank of China	http://www.abchina.com/en
4	Bank of China	https://www.boc.cn/en
5	Postal Savings Bank of China	http://www.psbc.com/en/index
6	China Merchants Bank	http://english.cmbchina.com
7	Bank of Communications	http://www.bankcomm.com/BankCommSite/shtml/jyjr/en/2600212/list.shtml?channelId=2600212
8	SPD Bank	https://eng.spdb.com.cn
9	Industrial Bank	https://www.cib.com.cn/en/index
10	China Minsheng Bank	http://en.cmbc.com.cn/index.htm
11	China Everbright Bank	http://www.cebbank.com/site/gdywwz/CEB_Homepage/Bank%20profile/index
12	Huaxia Bank	https://www.hxb.com.cn/en/index
13	Bank of Beijing	http://www.bankofbeijing.com.cn/en2011/index
14	Bank of Shanghai	http://www.bosc.cn/en/index
15	China Zheshang Bank	http://www.czbank.com/en/investor_relations
16	Bank of Jiangsu	http://www.jsbchina.cn/EN/index
17	Bank of Ningbo	http://www.nbcb.com.cn/english/About_NBCB/201509/t20150910_86020

续表

Ranking	Name	Websites
18	Bank of Nanjing	http://www.njcb.com.cn/njcbenglish/index/index
19	Guangzhou Rural Commercial Bank	http://eng.grcbank.com
20	Bank of Hangzhou	http://www.hzbank.com.cn/hzyh/ywz/index
21	China Bohai Bank	http://www.cbhb.com.cn/bhbank/S101/indexEn/index
22	Shanghai Rural Commercial Bank	http://en.srcb.com/index
23	Xiamen International Bank	https://www.xib.com.cn/english
24	HarbinBank	http://www.hrbcb.com.cn/harBinBankEN/95380/index
25	Bank of Jinzhou	https://www.jinzhoubank.com/jzbank/investoren/index
26	Bank of Zhengzhou	http://en.zzbank.cn/about_Us/dob
27	Hangseng Bank	https://www.hangseng.com/en-hk/home
28	Bank of Chengdu	http://www.bocd.com.cn
29	Qingdao Rural Commercial Bank	http://www.qrcb.com.cn/qrcben/html
30	Qingdao Bank	http://en.qdccb.com

表 A2　美国样本企业列表

Ranking	Name	Websites
1	JP Morgan Chase & Co.	https://www.jpmorganchase.com
2	Bank of America	https://www.bankofamerica.com
3	Wells Fargo	https://www.wellsfargo.com
4	Citigroup	https://www.citigroup.com/citi
5	Goldman Sachs Group	https://www.goldmansachs.com
6	Morgan Stanley	https://www.morganstanley.com
7	Capital One Financial	https://www.capitalone.com
8	U.S.Bancorp	https://www.usbank.com/index

续表

Ranking	Name	Websites
9	PNC Financial Services Group	https://www.pnc.com/en/personal-banking
10	Bank of New York Mellon Corp.	https://www.bnymellon.com/us/en/home
11	BB&T Corp.	https://www.bbt.com
12	State Street Corp.	https://www.statestreet.com/home
13	Discover Financial Services	https://www.discover.com/company
14	Fifth Third Bancorp	https://www.53.com/content/fifth-third/en
15	KeyCorp	https://www.key.com/about/index
16	Citizens Financial Group	https://investor.citizensbank.com/about-us
17	Regions Financial	https://www.regions.com/personal-banking
18	Northern Trust	https://www.northerntrust.com/united-states/home
19	M&T Bank Corp.	https://www3.mtb.com
20	Chase	https://www.chase.com
21	Charles Schwab	https://www.schwab.com
22	Comerica	https://www.comerica.com
23	Raymond James	https://www.raymondjames.com
24	Ally	https://www.ally.com
25	First Republic Bank	https://www.firstrepublic.com
26	Jefferies	https://www.jefferies.com/JefferiesGroup
27	Silicon Valley Bank	https://www.svb.com
28	Bank of the West	https://www.bankofthewest.com
29	East West Bank	https://www.eastwestbank.com
30	CIT	https://www.cit.com

附录 B 多维理论框架中的话语交互性/信息性及语言特征

语言特征	因子负荷	语言特征	因子负荷
private verbs 私动词	.96	Sentence relatives 非限制性定语从句	.55
THAT deletion 省略	.91	Wh-questions Wh 引导的疑问句	.52
contractions 缩略语	.90	Possibility modals 可能意义情态动词	.50
present tense verbs 现在时动词	.86	Nonphrasal coordination 无连词并列结构.	.48
2nd person pronouns 第二人称代词	.86	Wh-clauses Wh 引导的从句	.47
Do as pro-verb 助动词 Do	.82	Final prepositions 句终介词	.43
analytic negation 分析否定	.78	Adverbs 副词	.42
demonstrative pronouns 指示代词	.76	Conditional subordination 条件从属	.32
general emphatics 一般强调词	.74	Nouns 名词	-.80
1st person pronouns 第一人称代词	.74	Word length 词长	-.58
pronoun it 代词 it	.71	Prepositions 介词	-.54
Be as main verb be 做主要动词	.71	Type/token ratio 类符形符比	-.54
Causative subordination 原因从句	.66	Attributive adjectives 定语形容词	-.47
Discourse particle 话语小品词	.66	Place adverbials 地点副词	-.42

续表

语言特征	因子负荷	语言特征	因子负荷
indefinitive pronoun 不定代词	.62	Agentless passives 无主被动	-.39
General hedges 一般模糊限制语	.58	Past participial WHIZ deletions 过去分词后置定语	-.38
Amplifiers 增强词	.56	Present participial WHIZ deletions 现在分词后置定语	-.32

附录C　中美企业身份话语中 have 的宾语搭配情况

表 C1　中国企业身份话语 have 宾语搭配情况

宾语搭配词	实例	频次（n）
year	Mr. Yi has over 20 ***years*** of experience in banking business operation	6
subsidiary	CMB has two ***subsidiaries***	5
right	ensure that all shareholders have equal ***rights*** to know, participate	4
outlet	have over 1000 ***outlets***	4
branch	has 45 tier-one ***branches***	4
customer	had ***customers*** from over 200 countries and regions	4
set	We had 83.8 thousand ***sets*** of cash-related self-service facilities	2
authority	The President has the ***authority*** to organize and implement the operation	2
idea	put forward the objective against "four bad phenomena", i.e. "have no dare to bear, have no motive for progress, have the departmentalism ***idea*** and have the utilitarian idea".	2
asset	the Bank had total ***assets*** of RMB 19,570,061 million	2
employee	had 7099 full-time ***employees***	2
deposit	had ***deposits***	2
structure	has stable ownership ***structure***	2
qualification	The Bank also has ***qualifications f***or underwriting non-financial enterprises	2
responsibility	The Senior Management has overall ***responsibility*** for making and implementing strategic decisions	2

表 C2　美国企业身份话语 have 宾语搭配情况

宾语搭配词	示例	频次（n）
impact	have ***impact*** in local communities	12
access	have equal ***access*** to resources	10
experience	has the ***experience*** and ***ability*** to empower them	7
opportunity	every person has the ***opportunity*** to grow and contribute	8
commitment	We have a long-term ***commitment*** to helping communities	6
presence	have a significant ***presence*** in United States and Europe	5
interest	connect with colleagues who have similar ***interests***	5
team	we believe that having the best ***team*** positions us to meet the needs	5
record	have an exciting ***record*** of ten years of perfect Corporate Equality Index scores	4
ability	we have the ***ability*** to influence decisions related to human rights issues	4
office	had ***offices*** in London, Geneva…	4
power	women have the ***power*** to transform technology	4
policy	have ***policies*** and practices to protect our employees	4
role	Our Board and its committees have a key ***role*** in the oversight of our culture	4
branch	had 37 domestic ***branches***	4
relationship	have a ***relationship*** with a trusted provider	4
culture	success lies in having a strong ***culture*** and talented	4
people	have outstanding ***people***	4
history	have a long ***history*** of showing our support to the local communities we serve with both financial contributions and time	3
right	Our people have the ***right*** to expect a workplace	3
questions	if you have any ***questions***	3
employees	has over 250,000 ***employees***	3
business	we had a very good Asian ***business***	3

参考文献

［1］ Aaker, J. L. Dimensions of brand personality［J］. *Journal of Marketing Research*, 1997, 34(3): 347-356.

［2］ Abdullah, Z., Nordin, S. M.,& Aziz, Y. A. Building a unique online corporate identity［J］. *Marketing Intelligence& Planning*, 2013, 31(5): 451-471.

［3］ Ainsworth, S.,& Hardy, C. Critical discourse analysis and identity: Why bother?［J］. *Critical Discourse Studies*, 2004, 1(2): 225-259.

［4］ Albert, S.,& Whetten, D. A. Organizational identity［J］. *Administration & Society*, 1985, 42(20): 166-190.

［5］ Alessandri, S. W. Modeling corporate identity: A concept explication and theoretical explanation［J］. *Corporate Communications: An International Journal*, 2001, 6(4): 173-182.

［6］ Antaki, C.,& Widdicombe, S. (eds.). *Identities in Talk*［M］. London: Sage, 1998.

［7］ Atakan-Dumana, S.,& Ozdora-Aksakb, E. The role of corporate social responsibility in online identity construction: An analysis of Turkey's banking sector［J］. *Public Relations Review*, 2014, 40(5): 862-864.

［8］ Bagdikian, B. H. *The New Media Monopoly: A Completely Revised and Updated Edition with Seven New Chapters*［M］. Boston, MA: Beacon Press, 2004.

［9］ Balmer, J. M. T. Corporate branding and connoisseurship［J］. *Journal of General Management*, 1995, 21(1): 24-46.

［10］ Balmer, J. M. T. Corporate identity, corporate branding and corporate marketing seeing through the fog［J］. *European Journal of Marketing*, 2001, 35(3/4): 248-291.

［11］ Balmer, J. M. T. The corporate identity, total corporate communications, stakeholders' attributed identities, identifications and behaviors continuum［J］. *European Journal of Marketing*, 2017, 51(9/10): 1472-1502.

［12］ Balmer, J. M. T., & Greyser, S. A. Managing the Multiple Identities of the Corporation［J］. *California Management Review*, 2002, 44(3): 72–86.

［13］ Balmer, J. M. T., & Greyser, S. A. (eds). *Revealing the Corporation: Perspectives on Identity, Image, Reputation and Corporate Branding*［M］, London: Routledge, 2003.

［14］ Balmer, J. M. T., & Soenen, G. B. The acid test of corporate identity management™［J］. *Journal of Marketing Management*, 1999, 15(1-3): 69-92.

［15］ Benwell, B., & Stokoe, E. *Discourse and Identity*［M］. Edinburgh: Edinburgh University Press, 2006.

［16］ Bernstein, B. *Class, Codes and Control: Theoretical Studies towards a Sociology of Language*［M］. London: Routledge and Kegan Paul, 1971.

［17］ Bhatia, V. K. Interdiscursivity in professional communication［J］. *Discourse & Communication*, 2010, 4(1): 32–50.

［18］ Bhatia, V. K., & Lung, J. Corporate identity and generic integrity in business discourses［M］//Palmer, J. C., Ruiz-Garrido, M. F., Fortanet-Gómez, I., & Fortanet, I. (eds.). *Intercultural and International Business Communication: Theory, Research and Teaching*. New York: Peter Lang, 2006: 265-285.

［19］ Biber, D. *Variation Across Speech and Writing*［M］. Cambridge: Cambridge University Press, 1988.

［20］ Biber, D. *Dimensions of Register Variation: A Cross-linguistic Comparison*［M］. Cambridge: Cambridge University Press, 1995.

[21] Bick, G., Jacobson, M. C., & Abratt, R. The corporate identity management process revisited [J]. *Journal of Marketing Management*, 2003, 19(7-8): 835-855.

[22] Birth, G., Illia, L., Lurati, F., & Zamparini, A. Communicating CSR: practices among Switzerland's top 300 companies [J]. *Corporate Communications: An International Journal*, 2008, 13(2): 182-196.

[23] Bravo, R., Chernatony, L. D., Matute, J. & Pina, J. M. Projecting banks' identities through corporate websites: A comparative analysis of Spain and the United Kingdom [J]. *Journal of Brand Management*, 2013, 20(7): 533-557.

[24] Bravo, R., Matute, J., & José, M. P. Corporate social responsibility as a vehicle to reveal the corporate identity: a study focused on the websites of Spanish financial entities [J]. *Journal of Business Ethics*, 2012a, 107(2): 129-146.

[25] Bravo, R., Pina, J. M., & Matute, J. Communicating Spanish banks' identities: the role of websites [J]. *Online Information Review*, 2012b, 36(5): 675-697.

[26] Breeze, R. *Corporate Discourse* [M]. London: Bloomsbury, 2013.

[27] Breeze, R. "Or so the government would have you believe": Uses of "you" in Guardian editorials [J]. *Discourse, Context & Media*, 2015, 10: 36-44.

[28] Breeze, R. Researching evaluative discourse in Annual Reports using semantic tagging [J]. *Ibérica*, 2018, (35): 41-66.

[29] Brewer, M. B., & Gardner, W. Who is this "We"? Levels of collective identity and self-representations [J]. *Journal of Personality and Social Psychology*, 1996, 71(1): 83.

[30] Brown, P., & Levinson, S. C. *Politeness: Some Universals in Language Usage* [M]. Cambridge: Cambridge University Press, 1987.

[31] Brown, R., & Ford, M. Address in American English [M]//Hymes, D. H. *Language in Culture and Society*. New York: Harper &Row, 1964: 234-244.

［32］ Bucholtz, M., & Hall, K. Identity and interaction: A sociocultural linguistic approach［J］. *Discourse Studies*, 2005, 7(4-5): 585–614.

［33］ Bucholtz, M., & Hall, K. Locating identity in language［A］. //Llamas, C., & Watt, D. (eds.). *Language and Identities*［C］. Edinburgh: Edinburgh University Press, 2010: 18-28.

［34］ Capece, G., & Di Pillo, F. Chinese website design: Communication as a mirror of culture［J］. *Journal of Marketing Communications*, 2021, 137-159.

［35］ Cheng, F. W. Constructing hotel brands: A multimodal analysis of luxury hotel homepages［J］. *Ibérica*, 2016, (31): 83-108.

［36］ Christensen, L. T. Corporate and organizational identity. //Donsbach, W. (ed.)*The Blackwell International Encyclopedia of Communication*［M］. Malden, MA: Blackwell, 2008: 1014-1019.

［37］ Chun, R., & Davies, G. E-reputation: The role of mission and vision statements in positioning strategy［J］. *Journal of Brand Management,* 2001, 8(4): 315-333.

［38］ Cornut, F., Giroux, H., & Langley, A. The strategic plan as a genre［J］. *Discourse & Communication,* 2012, 6(1): 21-54.

［39］ Coupland, C. Corporate social responsibility as argument on the web［J］. *Journal of Business Ethics*, 2005, *62*(4): 355-366.

［40］ Coupland, C., & Brown, A. D. Constructing organizational identities on the web: A case study of royal Dutch/Shell［J］ *Journal of Management Studies*, 2004, 41(8): 1325-1347.

［41］ Darics, E., & Koller, V. Social actors "to go": An analytical toolkit to explore agency in business discourse and communication［J］. *Business and Professional Communication Quarterly*, 2019, *82*(2): 214-238.

［42］ Dayter, D. *Discursive Self in Microblogging*［M］. Amsterdam: John Benjamins Publishing, 2016.

［43］ De Fina, A. The negotiating of identities［M］. //Locher, M & Graham, S. L. (eds.)*Handbook of Interpersonal Pragmatics*. Berlin: De Gruyter, 2010: 205–224.

［44］ De Fina, A. Discourse and identity［M］. //Van Dijk, T. A. (ed.). *Discourse Studies: A Multidisciplinary Introduction*. London: Sage, 2011: 296-316.

［45］ De Fina, A., Schiffrin, D., & Bamberg, M. *Discourse and Identity*［M］. Cambridge: Cambridge University Press, 2006.

［46］ Degano, C. Linguistic perspectives on image construction and moral identity: The case of banks［M］. //Evangelisti-Allori, P., & Garzone, G. E. (eds), *Discourse, Identities and Genres in Corporate Communication: Sponsorship, Advertising and Organizational Communication*. Bern: Peter Lang, 2010: 235-261.

［47］ Dhanani, A. Identity constructions in the annual reports of international development NGOs: preserving institutional interests?［J］. *Critical Perspectives on Accounting*, 2019, 59: 1-31.

［48］ Domenec, F. Monsanto's and Chevron's home pages in the US and the UK: Corporate discourse as a reflection of social trends?［J］. *Ibérica*, 2014, (27): 51-76.

［49］ Fairclough, N. *Discourse and Social Change*［M］. Cambridge: Polity press, 1992.

［50］ Fairclough, N. *Analysing Discourse: Textual Analysis for Social Research*［M］. New York: Routledge, 2003.

［51］ Fairclough, N., Mulderrig, J., & Wodak, R. Critical discourse analysis［M］. //Van Dijk, T. A. (ed.). *Discourse Studies: A Multidisciplinary Introduction*. London: Sage, 2011: 394-417.

［52］ Feng, W. *Discursive Constructions of Corporate Identities by*

Chinese Banks on Sina Weibo [M]. Singapore: Springer, 2017.

[53] Feng, W., & Wu, D. D. State-owned or otherwise: dialogic construction of corporate identities by Chinese banks on Sina Weibo [J]. *Journal of Intercultural Communication Research*, 2016, 25(2): 63-81.

[54] Finnemann, N. O. *Hypertext and the Representational Capacities of the binary Alphabet* [M]. Aarhus: Center for Cultural Research, Aarhus Universitet, 1999.

[55] Firth, J. R. *Papers in Linguistics, 1934-1951* [M]. Oxford: Oxford University Press, 1957.

[56] Fitch, K. L. *Speaking Relationally: Culture, Communication, and Interpersonal Connection* [M]. New York: Guilford Press, 1998.

[57] Fowler, R., Hodge, B., Trew, T., & Kress, G. *Language and Control* [M]. London: Routledge, 1979.

[58] Fuoli, M. Assessing social responsibility: a quantitative analysis of appraisal in BP's and IKEA's social reports [J]. *Discourse & Communication*, 2012, 6(1): 55-81.

[59] Fuoli, M. Building a Trustworthy Corporate Identity: A corpus-based analysis of stance in annual and corporate social responsibility reports[J]. *Applied Linguistics*, 2018, 39(6): 846-885.

[60] Furuta, R., & Marshall, C. C. Genre as reflection of technology in the world-wide web [A]. //Fraisse, S., Nanard, M., Isakowitz, T., Garzotto, F., & Nanard, J. Hypermedia Design: Proceedings of the International Workshop on Hypermedia Design(IWHD'95) [C], Montpellier, France, 1–2 June 1995. United Kingdom: Springer London, 2012: 182-195.

[61] Gee, J. P. *An Introduction to Discourse Analysis: Theory and Method(*1st ed) [M]. London: Routledge, 1999.

[62] Gharbi, K., & Al-Tamimi, A. Using social media in building and

managing corporate identity: Study on real estate companies in the Kingdom of Bahrain [J]. *Journal of Business and Retail Management Research*, 2020, 14(2): 15-21.

[63] Giannoni, D. S. An investigation of value claims in academic and corporate "About us" texts [J]. *Applied Linguistics*, 2018, 39(3): 328–351.

[64] Giles, H., Taylor, D. M., & Bourhis, R. Towards a theory of interpersonal accommodation through language: Some Canadian data [J]. *Language in Society*, 1973, 2(2): 177-192.

[65] Gillian, R. *Visual Methodologies: An Introduction to the Interpretation of Visual Materials* [M]. London: SAGE, 2001, 6.

[66] Goffman, E. *The Presentation of Self in Everyday Life* [M]. Garden City, NY: Doubleday, 1959.

[67] Gould, E., Zakaria, N., & Yusof, S. A. M. Applying culture to website design: A comparison of Malaysian and US websites. Paper presented at the IEEE professional communication society international professional communication conference and the 18th annual ACM international conference on Computer documentation: technology & teamwork. IEEE Educational Activities Department, Cambridge, Massachusetts, USA, September 24-27, 2000.

[68] Greenwood, M., G. Jack & B. Haylock. Toward a methodology for analyzing visual rhetoric in corporate reports. Organizational Research Methods, 2019, 22(3): 798-827.

[69] Grunig, J. E., & Hunt, T. *Managing Public Relations* [M]. New York, NY: Holt, Rinehart & Winston, 1984.

[70] Gumperz, J. J. The Speech Community [M]. //Sills, D. L. (ed.), *International Encyclopedia of the Social Sciences*. New York: Macmillan, 1968: 381-386.

[71] Habil, H. Reaching out: A corporate portrayal of telecommunication

companies on the web [A]. //Habil, H., & Hassan, H. (eds). *New Perspectives in Language and Communication Research* [C]. Johor Darul Tak'zim: Universiti Terknologi Malaysia, 2008: 75-94.

[72] Hall, E. T. *Beyond Culture.* Garden City [M]. NY: Doubleday& Company, 1976.

[73] Halliday, M. A. K. *An Introduction to Functional Grammar*(2nd edition) [M]. London: Edward Arnold, 1994.

[74] Halliday, M. A. K., & Matthiessen, C. *An Introduction to Functional Grammar(*3rd edition) [M]. London: Arnold, 2004.

[75] Hamid, M. A. Analysis of visual presentation of cultural dimensions: Culture demonstrated by pictures on homepages of universities in Pakistan [J]. *Journal of Marketing Communications*, 2017, *23*(6): 592-613.

[76] Heath, R., Shotter., J., & Taylor, J. The processes of dialogue [J]. *Management Communication Quarterly*, 2006, 19(3): 341-345.

[77] Herring, S. A faceted classification scheme for computer-mediated discourse [J]. *Language@ internet*, 2007, *4*(1). Available at https: //www. languageatinternet. org/articles/2007/761/

[78] Hofstede, G. *Culture's Consequences: International Differences in Work-Related Values* [M]. Beverly Hills/London: Sage, 1980.

[79] Hofstede, G. *Culture's Consequences: International Differences in Work-Related Values(*Abridged edition) [M]. Newbury Park, CA: Sage, 1984.

[80] Hofstede, G., Hofstede, G. J., & Minkov, M. *Cultures and Organizations: Software of Mind(*3rd edition) [M]. New York: McGraw-Hill, 2010.

[81] Hyland, K. Exploring corporate rhetoric: Metadiscourse in the CEO's letter [J]. *Journal of Business Communication*, 1998, 35(2): 224-245.

[82] Hyland, K. *Metadisourse: Exploring Interaction in Writing* [M].

London: Continuum, 2005.

[83] Hyland, K. Individuality or conformity?Identity in personal and university academic homepages [J]. *Computers and Composition*, 2012, 29(4): 309-322.

[84] Ingenhoff, D.,& Fuhrer, T. Positioning and differentiation by using brand personality attributes: do mission and vision statements contribute to building a unique corporate identity? [J]. *Corporate Communications: An International Journal*, 2010, 15(1): 83-101.

[85] Jaworska, S. Corporate discourse. In De Fina, A. & Alexandra, G. N. (eds), *Handbook of Discourse Studies* [M]. Cambridge: Cambridge University Press, 2019.

[86] Jiang, J.,& Wei, R. Power distance and online organization–public relationship building: A comparative analysis of U. S. and Chinese corporate websites [J]. Chinese *Journal of Communication*, 2013, 6(1): 81-102.

[87] Jinyoung, L.,& Parpart, J. L. Constructing gender identity through masculinity in CSR reports: The South Korean case [J]. *Business Ethics: A European Review*, 2018, 27: 309-323.

[88] Kent, M. L.,& Taylor, M. Building dialogic relationships through the world wide web [J]. *Public Relations Review*, 1998, 24(3): 321-334.

[89] Kilgarriff, A. et al. The sketch engine [A]. In Williams, G.,& Vessier, S. (eds.). *Proceedings of the Eleventh EURALEX International Congress* [C]. Lorient: Université de Bretagne Sud, 2004.

[90] Kim, S.,& Rader, S. What they can do versus how much they care: Assessing corporate communication strategies on Fortune 500 web sites [J]. *Journal of Communication Management*, 2010, 14(1): 59-80.

[91] Koller, V. "The world's local bank": Glocalization as a strategy in corporate branding discourse [J]. *Social Semiotics*, 2007, 17(1): 111-130.

[92] Koller, V. Identity, image, impression: Corporate self-presentation and public reactions [M]. In R. Wodak & V. Koller(eds.), *Handbook of Communication in the Public Sphere*. Berlin: Mouton de Gruyter, 2008: 289-418.

[93] Koller, V. How to analyse collective identity in discourse – textual and contextual parameters [J]. *Critical Approaches to Discourse Analysis across Disciplines*, 2012, 5(2): 19-38.

[94] Kress, G. *Multimodality: A Social Semiotic Approach to Contemporary Communication* [M]. London: New York, Routledge, 2010.

[95] Kress, G. & Van Leeuwen, T. *Reading Images: The Grammar of Visual Design(*1st edition) [M]. London: New York, Routledge, 1996.

[96] Kress, G. & Van Leeuwen, T. *Reading Images: The Grammar of Visual Design(*2nd edition) [M]. London: New York, Routledge, 2006.

[97] Krippendorff, K. Content analysis [M]. //Barnouw, E., Gerbner, G., Schramm, W., & Worth, T. L., & Gross, L. (eds.), *International Encyclopedia of Communication*(Vol. 1). New York, NY: Oxford University Press, 1989: 403-407.

[98] Krippendorff, K. Reliability in content analysis: Some common misconceptions and recommendations [J]. *Human Communication Research*, 2004, 30(3): 411-433.

[99] Labov, W. *The Social Stratification of English in New York City* [M]. Cambridge, UK: Cambridge University Press, 1966.

[100] Labrador, B., Ramón, N., Alaiz-Moretón, H., & Sanjurjo-González, H. Rhetorical structure and persuasive language in the subgenre of online advertisements [J]. *English for Specific Purposes*, 2014, 34: 38-47.

[101] Lambert, A. Corporate identity and facilities management [J]. *Facilities*, 1993, 7(12): 7-12.

[102] Ledbetter, L. The rhetorical work of YouTube's beauty community: Relationship-and identity-building in user-created procedural discourse [J].

Technical Communication Quarterly, 2018, 27(4): 287-99.

［103］ Lee, T., Chung, W. & Taylor, R. E. A strategic response to the financial crisis: An empirical analysis of financial services advertising before and during the financial crisis ［J］. *Journal of Services Marketing*, 2011, 25(3): 150-164.

［104］ Leech, G. *Principles of Pragmatics* ［M］. London: Longman, 1983.

［105］ Lemke, J. L. Discourse and organizational dynamics: Website communication and institutional change ［J］. *Discourse & Society*, 1999, 10(1): 21-47.

［106］ Levinson, S. *Pragmatics* ［M］. Beijing: Foreign Language Teaching and Research Press, 2001.

［107］ Li, D., Chow, U. T. Discursive strategies in the branding of Fortune Global 500 Chinese manufacturing companies ［J］. Humanity Social Science Communication, 2023, 10(1): 1-12.

［108］ Li, C. T., & Ran, Y. P. Self-professional identity construction through other-identity deconstruction in Chinese televised debating discourse ［J］. *Journal of Pragmatics*, 2016, 94: 47-63.

［109］ Li, C. Y., & Wu, D. D. Facework by global brands across Twitter and Weibo ［J］. *Discourse, Context & Media*, 2018, 26: 32-42.

［110］ Linville, P. W. Self-complexity and affective extremity: Don't put all of your eggs in one cognitive basket ［J］. *Social Cognition*, 1985, 3(1): 94-120.

［111］ Lippincott, J. G., & Margulies, W. P. The corporate look: A problem in design ［J］. *Public Relations Journal*, 1957, 13(4-6): 27.

［112］ Lischinsky, A. The discursive construction of a responsible corporate self ［M］. //Sjölander, A. E., & Payne, J. G. (eds.). *Tracking Discourses: Politics, Identity and Social Change*. Lund: Nordic Academic Press, 2011: 257-286.

［113］ Liu, M., & Wu, D. D. Discursive construction of corporate identity on the web: A glocaliazation perspective [J]. *Intercultural Communication Studies*, 2015, XXIV(1): 50-65.

[114] Luzón, M. J. Constructing academic identities online: Identity performance in research group blogs written by multilingual scholars [J]. *Journal of English for Academic Purposes*, 2018, 33: 24-39.

[115] Malinowski, B. *The Problem of Meaning in Primitive Languages* [M]. London: Routledge & Kegan Paul, 1923.

[116] Marcus, A. & Gould, E. W. Cultural dimensions and global Web user-interface design: What?So what?Now what?In Proceedings of the 6th Conference on Human Factors and the Web, June 19, 2000.

[117] Martin, J. R. Innocence: Realisation, instantiation and individuation in a Botswanan town [M]. //Knight, N., & Mahboob, A. (eds.). *Questioning Linguistics*. Cambridge: Cambridge Scholars Publishing, 2008: 27-54.

[118] Marwick, N., & Fill, C. Towards a framework for managing corporate identity [J]. *European Journal of Marketing*, 1997, 31(5/6): 396-410.

[119] Maynard, M., & Tian, Y. Between global and glocal: Content analysis of the Chinese web sites of the 100 top global brands [J]. *Public relations review*, 2004, 30(3): 285-291.

[120] McSweeney, B. Hofstede's model of national cultural differences and their consequences: A triumph of faith-a failure of analysis [J]. *Human Relations*, 2002, 55(1): 89-118.

[121] Melewar, T. C. Determinants of the corporate identity construct: A review of the literature [J]. *Journal of Marketing Communications*, 2003, 9(4): 195-220.

[122] Melewar, T. C., & Karaosmanoglu, E. Seven dimensions of corporate identity: A categorization from the practitioners' perspective [J]. *European Journal of Marketing*, 2006, 40(7/8): 846-869.

［123］ Melewar, T. C.,& Saunders, J. International corporate visual identity: Standardization or localization? ［J］. *Journal of International Business Studies,* 1999, 30(3): 583-598.

［124］ Men, L. R.,& Tsai, W. H. S. How companies cultivate relationships with publics on social network sites: Evidence from China and the United States ［J］. *Public Relations Review*, 2012, 38(5): 723-730.

［125］ Meza, L. J. Global public relations on the web: An exploration of projection of corporate identity online, its effect on public perception, and its potential for two-way communication ［D］. Chapel Hill: University of North Carolina, 2002.

［126］ McMillan, S. J., Hoy, M. G., Kim, J.& McMahan, C. A multifaceted tool for a complex phenomenon: Coding web-based interactivity as technologies for interaction evolve ［J］. *Journal of Computer-Mediated Communication*, 2008, 13(4): 794–826.

［127］ Michelson, K.,& Álvarez Valencia, J. A. Study abroad: Tourism or education?A multimodal social semiotic analysis of institutional discourses of a promotional website ［J］. *Discourse& Communication*, 2016, 10(3): 235-256.

［128］ Morris, P. *The Bakhtin Reader: Selected Writings of Bakhtin, Medvedev, Voloshinov* ［M］. London: Edward Arnold, 1994.

［129］ Neuliep, J. W. *Intercultural Communication: A Contextual Approach(*6th edition) ［M］. Thomas Oaks, CA: SAGE, 2015.

［130］ Ngai, C. S. B.,& Singh, R. G. Move structure and communication style of leaders' messages in corporate discourse: A cross-cultural perspective［J］. *Discourse& Communication*, 2017, 11(3): 276-295.

［131］ Nini, A. Multidimensional Analysis Tagger(Version 1. 3) ［Z/OL］. http: //sites. google. com/site/multidimensional tagger, 2015.

［132］ Norton, B. Language, identity and the ownership of English ［J］.

TESOL Quarterly, 1997, 31(3): 409-429.

[133] Ohnemus, L. Is branding creating shareholder wealth for banks? [J]. International *Journal of Bank Marketing*, 2009, 27(3): 186-201.

[134] Oliveira, S. Address in computer-mediated communication [A]. // Herring, S., Stein, D.,& Virtanen, T. (eds.). *Pragmatics of Computer- Mediated Communication* [C]. Berlin: De Gruyter Mouton, 2013: 291-313.

[135] Otubanjo, O. Embedding theory in corporate identity through the social construction lens [J]. *International Journal of Business and Management*, 2012, 7(22): 62-75.

[136] PAD research group. Not so 'innocent' after all?exploring corporate identity construction online [J]. *Discourse* & *Communication,* 2016, 10(3): 291-313.

[137] Painter, C., J. R. Martin&L. Unsworth. *Reading Visual Narratives: Image Analysis of Children's Picture Books* [M]. London: Equinox, 2013.

[138] Pan, P.,& Xu, J. Online strategic communication: A cross-cultural analysis of US and Chinese corporate websites[J]. *Public Relations Review*, 2009, 35(3): 251–253.

[139] Park, J., Lee, H.,& Hong, H. The analysis of self-presentation of Fortune 500 corporations in corporate web sites [J]. *Business&Society*, 2013, 55(5): 706-737.

[140] Pollach, I. Corporate self-presentation on the WWW: Strategies for enhancing usability, credibility and utility [J]. *Corporate Communications: An International Journal*, 2005, 10(10): 285-301.

[141] Poppi, F. Companies' websites as vehicles for expressing corporate identity: A case study on the use of English as a lingua franca. //Giuliana, G.,& Maurizio, G. (eds.), *Discourse, Communication and the Enterprise: Genres and Trends*. Bern: Peter Lang, 2011: 131-148.

［142］ Potter, J.& Wetherell, M. *Discourse and Social Psychology*［M］. London: Sage, 1987.

［143］ Powell, S., Elving, W. J. L., Dodd, C.,& Sloan, J. Explicating ethical corporate identity in the financial sector［J］. *Corporate Communications: An International Journal*, 2009, 14(4): 440-455.

［144］ Rayson, P. From key words to key semantic domains［J］. *International Journal of Corpus Linguistics*, 2008, 13(4): 519-549.

［145］ Ren, C.,& Lu, X. A multi-dimensional analysis of the management's discussion and analysis narratives in Chinese and American corporate annual reports［J］. *English for Specific Purposes*, 2021, 62: 84-99.

［146］ Robbins, S., & Stylianou, A. A Longitudinal study of cultural differences in global corporate web sites［J］. *Journal of International Business and Cultural Studies*, 2010, 3: 1-18.

［147］ Sacks, H. An initial investigation of the usability of conversational data for doing sociology［M］. //Sudnow, D. (ed.). *Studies in Social Interaction*. New York: Free Press, 1972: 31-74.

［148］ Saichaie, K. Representation on College and University Websites: An Approach Using Critical Discourse Analysis［D］, University of Iowa, 2011.

［149］ Searle, J. *Speech Acts: An Essay in the Philosophy of Language*［M］. London: Cambridge University Press, 1969.

［150］ Shi, X. S., & Shan, X. H. Cross-cultural impact on financial companies' online brand personality［J］. *Marketing Intelligence & Planning*, 2019, 37(5): 482-496.

［151］ Shi, X. S.,& Xu, W. J. Do Chinese brands culturally adapt their overseas websites: evidence from top Chinese brands' Sino-US websites?［J］. *Asian Journal of Communication*, 2020, 30(1): 58-78.

［152］ Simon, B. *Identity in Modern Society: A Social Psychological*

Perspective [M]. Oxford: Blackwell, 2004.

[153] Singh, N., & Baack, D. W. Website adaptation: A cross-cultural comparison of U. S. and Mexican web sites [J]. *Journal of Computer-Mediated Communication*, 2004, 9(4), JCMC946.

[154] Singh, N., & Matsuo, H. Measuring cultural adaptation on the web: A content analytic study of U. S. and Japanese web sites [J]. *Journal of Business Research*, 2004, 57(8): 864-872.

[155] Singh, N., Zhao, H. X., & Hu, X. R. Cultural adaptation on the Web: A study of American companies domestic and Chinese websites [J]. *Journal of Global Information Management*, 2003, 11(3): 63-80.

[156] Singh, N., Zhao, H. X., & Hu, X. R. Analyzing the cultural content of web sites [J]. *International Marketing Review*, 2005, 22(2): 129-146.

[157] Spear, S. Impression management activity in vision, mission, and values statements: A comparison of commercial and charitable organizations [J]. *International Studies of Management & Organization*, 47(2): 159-175.

[158] Spencer-Oatey, H., & Kádár, D. Z. The bases of(im)politeness evaluations: Culture, the moral order and the East-West debate [J]. *East Asian Pragmatics*, 2016, 1(1): 73-106.

[159] Strauss, A., & Corbin, J. *Basics of Qualitative Research Techniques* [M]. Thousand Oaks, CA: Sage publications, 1998.

[160] Stryker, S. *Symbolic Interactionism: A Social Structural Version* [M]. Menlo Park, CA: Benjamin/Cummings, 1980.

[161] Stryker, S. Identity theory: Developments and extensions [A]. //Yardley, K., & Honess, T. (eds.). *Self and Identity: Psychosocial Perspectives* [C]. New York: Wiley, 1987: 89-103.

[162] Suen, O. Y. A. Self-representation of five-star hotels: A digital genre analysis of hotel homepages [M]. //Bhatia, V. K., Cheng, W., Du-Babcock, B., &

Lung, J. (eds.), *Language for Professional Communication: Research, Practice & Training*. Hong Kong: The Hong Kong Polytechnic University, Asia-Pacific LSP and Professional communication, 2009: 111-130.

［163］ Sun, Y., & Jiang, J. L. Metaphor use in Chinese and U. S. corporate mission statements: A cognitive sociolinguistic analysis［J］. *English for Specific Purposes*, 2014, 33: 4-14.

［164］ Tajfel, H., & Turner, J. C. The social identity theory of intergroup behavior J［M］. //Worchel, S., & Austin, W. G. (eds.). *Psychology of Intergroup Relations*. Chicago: Nelson-Hall, 1986: 7–24.

［165］ Tann, K. Imaging communities: A multifunctional approach to identity management in texts［M］. //Bednarek, M., & Martin, J. R. (eds.). *New Discourse on Language: Functional Perspectives on Multimodality, Identity and Affiliation*. London: Continuum, 2010: 163-194.

［166］ Tao, W., & Wilson, C. Fortune 1000 communication strategies on Facebook and twitter［J］. *Journal of Communication Management*, 2015, 19(3): 208-223.

［167］ Tian, Y. Cultural variance in corporate presentation: Content analysis of US and Chinese corporate web sites［J］. *Human Communication*, 2008, 11(4): 483–494.

［168］ Tobback, E. Telling the world how skilful you are: Self-praise strategies on LinkedIn［J］. *Discourse & Communication*, 2019, 13(6): 647-668.

［169］ Tracy, K. *Everyday Talk: Building and Reflecting Identities*［M］. New York: Guilford Press, 2002.

［170］ Tracy, K., & Robles, J. S. *Everyday talk: Building and Reflecting Identities*［M］(2nd edition). Guilford Press, 2013.

［171］ Tung, R. L., & Verbeke, A. Beyond Hofstede and GLOBE: Improving the quality of cross-cultural research［J］. *Journal of International Business*

Studies, 2010, 41(8): 1259-1274.

［172］ Van de Mieroop, D. The complementarity of two identities and two approaches: Quantitative and qualitative analysis of institutional and professional identity［J］. *Journal of Pragmatics*, 2007, 39(6): 1120–1142.

［173］ van Dijk, T. A. *Ideology and Discourse. A Multidisciplinary Introduction*, English Version of an Internet Course for the Universitat Oberta de Catalunya(UOC). London: Sage, 2000.

［174］ van Riel, C. B. M. *Principles of Corporate Communication*［M］. Prentice Hall, London, 1995.

［175］ van Riel, C. B. M., & Fombrun, C. J. *Essentials of Corporate Communication: Implementing Practices for Effective Reputation Management*［M］. New York: Routledge, 2007.

［176］ Wodak, R. The discourse-historical approach［A］. //Wodak, R.& Meyer, M. (eds.). *Methods of Critical Discourse Analysis*［C］. London: Sage, 2001: 63-93.

［177］ Würtz, E. A cross-cultural analysis of websites from high-context cultures and low-context cultures［J］. *Journal of Computer-Mediated Communication*, 2006, 11(1): 274-299.

［178］ Xia, J. "Loving you": Use of metadiscourse for relational acts in WeChat public account advertisements［J］. *Discourse, Context&Media*, 2020, 37: 1-14.

［179］ Yu, D., & Bondi, M. A genre-based analysis of forward-looking statements in corporate social responsibility reports［J］. *Written Communication*, 2019, 36(3): 379-409.

［180］ Yuan, Z. M. Exploring Chinese college students' construction of online identity on the Sina Microblog［J］. *Discourse, Context&Media*, 2018, 26: 43-51.

［181］ Zerfass, A., Verčič, D., Verhoeven, P., Moreno, A., & Tench, R. European Communication Monitor 2012: Challenges and competencies for strategic communication: Results of an Empirical Survey in 42 countries. Brussels: EACD, Helios Media, 2012.

［182］ Zhang, Y., & O'Halloran, K. L. The gate of the gateway: A hypermodal approach to university homepages［J］. *Semiotica*, 2012, 190: 87-109.

［183］ Zhao, S., Grasmuck, S., & Martin, J. Identity construction on Facebook: Digital empowerment in anchored relationships［J］. *Computers in Human Behavior*, 2008, 24(5): 1816-1836.

［184］ Zimmerman, D. H. Identity context and interaction［A］. //Antaki, C., & Sue, W. (eds.). *Identities in Talk*［C］. London: Sage, 1998: 87-106.

［185］ Zjakic, H., Han, C., & Liu, X. "Get fit！"–The use of imperatives in Australian English gym advertisements on Facebook［J］. *Discourse, Context & Media*, 2017, 16: 12-21.

［186］巴赫金. 钱中文等译. 巴赫金全集［M］. 石家庄：河北教育出版社，1998.

［187］部寒，王立非. 基于语料库的中美企业财务语篇可读性对比分析［J］. 解放军外国语学院学报，2021，44（01）：71-78+128.

［188］柴改英，韩骅. 政府商务外宣话语中关系身份的人际语用研究［J］. 外语教学，2017，38（01）：49-54.

［189］柴改英，刘佳丽. 地方政府外宣形象的及物性语法隐喻研究［J］. 外语电化教学，2019，（01）：44-50.

［190］陈建平. 中外大学机构身份话语建构比较研究［J］. 中国外语，2016，13（04）：29-39.

［191］陈建平. 中英美大学机构身份的话语建构策略比较［J］. 现代外语，2017，40（01）：24-36.

［192］陈新仁. 语用身份：动态选择与话语建构［J］. 外语研究，2013

（04）：27-32.

［193］陈新仁. 语用学视角下的身份与交际研究［M］. 北京：高等教育出版社，2013.

［194］陈新仁. 语用学视角下的身份研究——关键问题与主要路径［J］. 现代外语，2014，37（05）：702-710.

［195］陈新仁. 语用身份论——如何用身份话语做事［M］. 北京：北京师范大学出版社，2018.

［196］大型企业网站能力建设研究编委会. 大型企业门户网站能力建设探索与实践［M］. 北京：北京邮电大学出版社，2013.

［197］戴鑫，胡尹仪，刘莉. 中国 500 强企业如何在互联网上做国际传播——基于网站设计与文化适应的视角研究［J］. 新闻与传播研究，2019，26（04）：85-112.

［198］邓鹂鸣，周韵. 基于互文策略的中外企业语用身份构建研究——以社会责任报告为例［J］. 暨南学报（哲学社会科学版），2020，42（04）：59-67.

［199］丁道群，叶浩生. 人格：从本质论到社会建构论［J］. 心理科学，2002，（05）：628-629.

［200］杜晓君，杨勃，齐朝顺，肖晨浩. 外来者劣势的克服机制：组织身份变革——基于联想和中远的探索性案例研究［J］. 中国工业经济，2015，（12）：130-145.

［201］范秀成，陈洁. 品牌形象综合测评模型及其应用［J］. 南开学报，2002，（03）：65-71.

［202］冯德正，赵秀凤. 多模态转喻与图像语篇意义建构［J］. 外语学刊，2017，（06）：8-13.

［203］高学贤，郑海东. 中美食品企业社会责任沟通的维度对比——企业网站数据的内容分析［J］. 社会科学家，2017，（03）：62-68.

［204］高芸. 中西医英语科研论文语篇互动性对比研究——基于 SCI 期刊论文的语料库分析［J］. 外语电化教学，2018，（02）：78-83.

［205］葛晓华．Sketch Engine 的核心功能和应用前景［J］．外语电化教学，2017，（04）：23-30.

［206］耿敬北，陈子娟．网络社区多模态话语分析——以 QQ 群话语为例［J］．外语教学，2016，37（03）：35-39.

［207］郭奕彤，江颖．英语教师语用身份的话语构建：一项个案研究［J］．外语教育研究前沿，2020，3（01）：68-76.

［208］何荷，陈新仁．网店店主关系身份建构的语用研究［J］．现代外语，2015，38（03）：347-356.

［209］何兆熊．新编语用学纲要［M］．上海：上海外语教育出版社，2000.

［210］何自然．什么山上唱什么歌——社会语用身份建构与认同［J］．外国语文研究，2015，1（01）：12-19.

［211］胡春雨，李旭妍．基于语料库的腾讯亚马逊致股东信元话语研究［J］．外语学刊，2018，（01）：24-32.

［212］胡春雨，谭金琳．中美企业致股东信语域特征的多维分析［J］．外语与外语教学，2020，（06）：66-75+149.

［213］胡开宝，盛丹丹．《可持续发展报告》英译本中的华为公司形象研究——一项基于语料库的研究［J］．外国语（上海外国语大学学报），2020，（06）：94-106.

［214］江进林，许家金．基于语料库的商务英语语域特征多维分析［J］．外语教学与研究，2015，（02）：225-236+320.

［215］蒋晶，江林，魏然．文化差异与网络环境下的组织-公众关系建设：基于中国和美国企业官方网站的跨文化实证研究［J］．国际新闻界，2011，33（08）：105-110.

［216］蒋庆胜．近十年语用身份研究：五种路径与方法［J］．福建师范大学学报（哲学社会科学版），2019，（01）：57-63.

［217］康俊，江林，郭益．顾客—企业认同研究现状与展望［J］．外国经济与管理，2014，36（02）：24-34.

[218] 旷战. 个体意库、身份建构与情感绑定 [D]. 重庆：西南大学，2017.

[219] 李朝渊，吴东英. 跨国公司社交媒体话语中的关系言语行为分析 [J]. 中国 ESP 研究，2016，7（02）：30-40.

[220] 李成团，冉永平. 身份构建的人际语用学研究：现状、原则与议题 [J]. 中国外语，2015，12（02）：47-54.

[221] 李成团，冉永平. 人际语用学视域下争辩会话中的身份构建研究 [J]. 外国语（上海外国语大学学报），2017，40（06）：2-11.

[222] 刘辰，郑玉琪. 基于批评转喻分析的机构身份建构研究 [J]. 外语研究，2016，33（01）：27-32.

[223] 娄宝翠，王莉. 学习者学术英语写作中自我指称语与作者身份构建 [J]. 解放军外国语学院学报，2020，43（01）：93-99.

[224] 卢晶晶. 基于 Wmatrix 的中美药企网站企业概况文本对比研究——兼论“创译”策略下的商务文本英译 [J]. 上海翻译，2019，(01)：63-69.

[225] 卢小军. 中美网站企业概况的文本对比与外宣英译 [J]. 中国翻译，2012，33（01）：92-97.

[226] 马伟林，崔彦杰. 基于语料库的中国国家形象研究：及物性视角 [J]. 外语电化教学，2020，(05)：114-121+17.

[227] 马兴祥，王欣芳. 霍夫斯泰德文化维度理论在中国跨文化传播研究中的应用 [J]. 当代传播，2018，(06)：104-107.

[228] 苗兴伟，赵云. 批评话语分析的议程设置与路径演进 [J]. 解放军外国语学院学报，2019，42（05）：1-10.

[229] 潘广锋，王兴元. 互联网品牌网站特征要素分析及优化策略 [J]. 山东社会科学，2013，(05)：140-144.

[230] 单波，姜可雨. “全球本土化”的跨文化悖论及其解决路径 [J]. 新疆师范大学学报（哲学社会科学版），2013，34（01）：41-48.

[231] 单晓晖. 跨文化视域下企业网站利益相关者沟通特征及影响研究

［D］. 北京：对外经济贸易大学，2019.

［232］邵益珍. 基于外文版网站视角的中央企业国际化行为研究［J］. 电子政务，2014，（03）：101-109.

［233］石春煦. 个体化视角下公诉人身份建构的多模态设计［J］. 现代外语，2019，42（02）：243-253.

［234］史兴松，程霞. 基于语料库的中美银行企业身份话语研究［J］. 现代外语，2021，（02）：170-182.

［235］史兴松，单晓晖. 基于语料库探讨中国企业英文网站的跨文化适应水平［J］. 中国外语，2019，16（02）：71-80.

［236］史兴松，徐文娟. 近十五年SSCI期刊网络多模态话语研究现状及发展趋势分析［J］. 外国语（上海外国语大学学报），2020，43（03）：55-66.

［237］施旭. 文化话语研究简介［J］. 中国外语，2013，10（03）：1+20-22.

［238］孙咏梅. 研究生导师组集体身份的话语建构研究——以导师组“我们”的使用为例［J］. 外语与外语教学，2013，（06）：11-14.

［239］孙咏梅，徐浩. 机构话语研究述评——研究现状、研究意义与展望［J］. 北京科技大学学报（社会科学版），2013，29（01）：40-46.

［240］孙咏梅，张艳斌. 从“北大简介”看大学身份的话语建构［J］. 中国社会语言学，2013，（01）：66-74.

［241］汤敬安. 情态动词的语用综观性［J］. 外语与外语教学，2008，（09）：19-21.

［242］王建华. 政务新媒体照片话语的视觉语法—语用分析［J］. 当代修辞学，2019，（02）：72-83.

［243］王立非，部寒. 中美企业话语情感倾向多维评价测量与对比分析［J］. 外语研究，2017，34（04）：16-21.

［244］王立非，部寒. 中美企业话语的功能特征多维对比研究［J］. 解放军外国语学院学报，2018，41（02）：96-103.

［245］王立非，部寒. 中美银行英文年报语篇结构关系及传播策略个案

分析［J］．外语与外语教学，2019，（04）：1-13.

［246］王立非，李炤坤．中美商务语篇互文性多维对比研究［J］．外语教学理论与实践，2018，（03）：56-62.

［247］王立非，梁茂成. WordSmith 方法在外语教学研究中的应用［J］. 外语电化教学，2007，（03）：3-7.

［248］王立非，文道荣．商务英语合同的语义范畴与词性分布特征的语料库考察［J］．山东外语教学，2017，38（02）：12-20.

［249］王琦．中国出版企业外宣与重新语境化——以出版企业网页翻译为例［J］．中国出版，2019（11）：54-59.

［250］王雪玉. 广告劝说中的元话语资源和身份建构［J］. 天津外国语大学学报，2012，19（03）：1-7.

［251］王雪玉．广告语篇中广告主身份建构的历时研究［D］．南京：南京大学，2013.

［252］王雪玉．商业广告语篇中的身份建构变迁：历史社交语用学视角［J］．当代外语研究，2015，（09）：39-43.

［253］王月丽，徐宏亮．中国英语学习者学术写作中第一人称使用发展特征与身份构建研究［J］．外语教育研究前沿，2019，2（03）：58-64.

［254］吴建，张韵菲．企业外宣英译：一个多层次重构的过程［J］．上海翻译，2011，（01）：21-24.

［255］乌楠．中国企业外宣话语身份建构的互文性研究［D］．北京：北京科技大学，2019.

［256］乌楠，张敬源．媒介话语中少数民族区域的身份建构与反思［J］．外语学刊，2018，（03）：27-32.

［257］乌楠，张敬源. 中美企业机构身份的话语建构策略［J］. 现代外语，2019，42（02）：220-230.

［258］项蕴华．身份建构研究综述［J］．社会科学研究，2009，（05）：188-192.

［259］辛斌. 语篇互文性的语用分析［J］. 外语研究，2000，（03）：14-16.

［260］辛志英，黄国文. 系统功能类型学：理论、目标与方法［J］. 外语学刊，2010，（05）：50-55.

［261］徐珺，自正权. 基于语料库的英语财经新闻汉译本的词汇特征研究［J］. 中国外语，2014，（05）：66-74.

［262］徐珺，自正权. 基于语料库的企业外宣翻译与企业形象语义构建研究［J］. 外语学刊，2020，（01）：93-101.

［263］杨勃，齐欣，张宁宁. 新兴市场跨国企业国际化的来源国劣势研究——基于组织身份视角［J］. 经济与管理研究，2020，41（04）：74-87.

［264］杨林秀. 英文学术论文中的作者身份构建：言据性视角［J］. 外语教学，2015，36（02）：21-25.

［265］叶凡. 从“高低语境”看中西文化交流［J］. 山西财经大学学报，2013，35（S1）：167-168.

［266］于国栋. 请求作为伤面子行为的会话佐证［J］. 北京第二外国语学院学报，2019，41（04）：3-19.

［267］袁周敏. 称呼语的身份标记功能的元语用考察［J］. 东北大学学报（社会科学版），2011a，13（03）：263-267.

［268］袁周敏. 社会心理学与语用学视角下的身份研究［J］. 外语学刊，2011b，（04）：77-81.

［269］袁周敏. 自称语的语用身份建构：作为语用行为的顺应［J］. 外语教学，2012，33（05）：32-35.

［270］袁周敏. 社会语言学视角下的身份研究［J］. 外语学刊，2016，（05）：54-58.

［271］袁周敏. 商务会话中专家身份建构的指称策略研究［J］. 外语教学理论与实践，2020，（02）：22-28.

［272］张德禄. 多模态话语分析综合理论框架探索［J］. 中国外语，2009，6（01）：24-30.

［273］张晓. 李安电影中的文化解析——高低语境文化理论视角［J］. 兰州学刊，2015，（12）：206-208.

［274］张学文. 重塑话语体系：构建中国特色的高等教育话语逻辑［J］. 中国高教研究，2015，（07）：13-16.

［275］邹煜，张茹淇，程南昌，滕永林. 政务微博话语与服务型政府形象建构研究［J］. 语言文字应用，2020，（02）：109-118.